西南财经大学“一流学科建设计划”项目
国家自然科学基金项目（批准号：71503212） 资助

集聚的减贫效应：基于空间计量经济学视角

伍骏骞 著

科学出版社
北京

内 容 简 介

经济集聚对贫困减少产生实质性的作用。本书在世界银行的3D（密度-距离-分割）框架基础上，结合空间经济学和发展经济学理论，构建“SMILE”（分享-匹配-身份-学习-环境）概念性模型，系统梳理经济集聚对农村减贫的作用机制。本书基于69个县21年长周期和1215个乡镇的大样本宏观数据、超过10万个企业和500个固定观察点农户的微观数据，利用空间计量分析工具，分别从县级和乡镇宏观层面、企业和农户微观层面，研究经济集聚对农民增收和农村减贫的直接影响和空间溢出效应，提出促进经济集聚、立足全局发展和发挥集群功能的三大政策建议。

本书可供与农业经济学、发展经济学和区域经济学相关的研究工作者参考。

图书在版编目（CIP）数据

集聚的减贫效应：基于空间计量经济学视角/伍骏骞著. —北京：科学出版社，2020. 6

ISBN 978-7-03-065007-8

Ⅰ. ①集… Ⅱ. ①伍… Ⅲ. ①农村-扶贫-研究-中国 Ⅳ. ①F323. 8

中国版本图书馆CIP数据核字（2020）第077218号

责任编辑：郑述方/责任校对：彭 映
责任印制：罗 科/封面设计：墨创文化

科学出版社 出版
北京东黄城根北街16号
邮政编码：100717
http://www. sciencep. com
四川煤田地质制图印刷厂印刷
科学出版社发行 各地新华书店经销
*
2020年6月第 一 版 开本：B5（720×1000）
2020年6月第一次印刷 印张：8 1/2
字数：200千字
定价：88. 00元
（如有印装质量问题，我社负责调换）

前　言

从地理大发现到工业革命，从“民工潮”到“世界是平的”，人类社会发展史是一个不断反对“距离专制”的斗争史和不断追逐“集聚福利”的奋斗史①。传统研究认为经济集聚能够提高工资或劳动生产率，然而，经济集聚对农民收入的影响并不确定。经济集聚在因为“规模效应”而提高农民工资性收入的同时，也可能因为“虹吸效应”而造成农业生产资源的流失，降低农民的农业收入。所以，经济集聚对农民总收入增长的影响是一个待研究的问题。另外，随着交通条件日益改善和制度障碍逐步被消除，区域间的联系愈加密切，因此必须要考虑经济集聚的“空间溢出效应”。如果仅仅是研究当地经济集聚对农民收入的影响，就可能会错误地估计这个影响，那么经济集聚能否真正地因惠及农民而有利于农村减贫呢?

本书分别从县级和乡镇的宏观层面、企业和农户的微观层面，研究了经济集聚对农民增收和农村减贫的影响，具体的研究内容及结论如下。

第一，采用浙江省 69 个县和 1215 个乡镇的面板数据，从宏观层面研究了经济集聚对农民收入的直接影响和空间溢出效应。该研究发现用于衡量经济集聚程度的经济密度对农民收入有正向显著的直接影响，其他区域经济密度与经济距离的共同作用对农民收入有正向显著的空间溢出效应，其产生的总体效应也是正向显著的。没有考虑空间溢出效应的模型与空间 Durbin 模型（spatial Durbin model）相比，高估了当地经济密度对农民收入的影响，低估了经济密度对农民收入的总体效应。在控制了经济密度影响的条件下，经济距离越长，农民收入越少。

第二，经济集聚通过外部性的作用机制能够对农民收入产生影响。采用浙江省的乡镇层面数据和经济普查数据，从企业角度研究了不同的外部性对农民收入的直接影响和空间溢出效应。该研究发现货币外部性对农民收入有正向显

① 地理大发现是指从 15 世纪到 17 世纪欧洲的船队寻找新的贸易路线和贸易伙伴，以发展欧洲新生资本主义的过程。这是一个破除距离专制、追寻经济集聚区域（包括当时繁荣的中国）的过程。“民工潮”是指大量农民外出打工的情形。“世界是平的”是弗里德曼的一本畅销书的书名，书中分析了 21 世纪初期全球经济一体化的过程。

著的直接影响和空间溢出效应，技术外部性对农民收入也有正向显著的直接影响，但其空间溢出效应不确定。通过控制行业影响，本书将技术外部性分为马歇尔-阿罗-罗默（MAR）外部性和雅各布斯外部性，发现 MAR 外部性和雅各布斯外部性对农民收入有正向显著的直接影响和负向显著的空间溢出效应。

第三，产业集群是经济集聚的一个典型的表现形式。采用浙江省的县级层面数据和经济普查数据，从县级层面研究了产业集群对农民收入的直接影响和空间溢出效应。该研究发现当地的集群数量对农民收入有正向显著的影响，其他区域的集群数量对农民收入有正向影响但并不显著。赫芬达尔指数对农民收入的直接影响和空间溢出效应都为正，虽直接影响并不显著，但总体效应是显著为正的。EG 指数对农民收入的直接影响、空间溢出效应和总体效应都是正向显著的。

第四，采用浙江省经济普查数据和农村固定观察点数据，从农户角度研究了产业集群对农民收入增长、农村贫困减少的直接影响和空间溢出效应。该研究发现当地的产业集群数量对农民收入增长有正向显著的影响而对贫困发生有负向显著的影响，即在产业集群数量越多的县，农民越不可能成为贫困人口。其他区域产业集群数量对农民收入也有正向显著的影响，但对贫困发生有负向显著的影响。通过划分贫困组和非贫困组，发现对于贫困组农民而言，当地和其他地区的产业集群数量对其收入的影响都是正向显著的；而对于非贫困组农民而言，当地的产业集群数量对他们的收入有正向显著的影响，而其他区域的产业集群对他们的收入没有影响，甚至可能会因其他区域的产业集群对当地的产业集群产生竞争而对他们的收入产生负向的影响。通过分行业的分析，发现产业集群显著的主要是纺织、机械零件制造加工和造纸等劳动密集型行业。

总体而言，本书可能存在以下几个方面的创新之处：第一，基于 Duranton、Puga 和 March 的微观理论基础，梳理了经济集聚对农民收入影响的理论机制，采用空间 Durbin 模型实证分析了经济密度对农民收入的直接影响和空间溢出效应；第二，在货币外部性和技术外部性以及 MAR 外部性和雅各布斯外部性的理论框架下，研究了不同地理维度和行业维度的外部性对农民收入的影响；第三，在世界银行的理论框架下，研究了产业集群数量、产业集群发展水平对农民增收、农村减贫的直接影响和空间溢出效应。

目　录

1 导　论

本书基于浙江省69个县21年长周期和1215个乡镇大样本的宏观数据、超过10万个企业和500个农村固定观察点的微观数据，利用空间计量分析工具，从经济集聚和产业集群的视角在理论和实证上做出了分析。

1.1 提出问题

贫困不是一种命运，各国政府、社会机构和学术界一直都在探索从贫困到富裕的道路。从实践和学术研究来看，减少贫困主要有两个手段：瞄准贫困者（targeting）和经济增长的“涓滴效应（trickle down effect）”[①] 所带来的普惠式扶贫（universalism）。这两个手段通过富裕地区对贫困地区的支持，减少了贫困。这一扶贫理念一直是政策制定者的圭臬，扶贫政策也延续了这一理念，它从“把蛋糕做大”以实现经济的“涓滴效应”和“切好蛋糕”以实现收入再分配这两个方面着力。理论上，瞄准贫困人口且制定针对贫困人口的扶贫政策是最优的减贫手段，然而，与计划经济不一定达到预期效果的原因一样，如果没有完全充足的信息，也没有对全局进行完全控制的能力，那么瞄准政策将造成“应该扶贫的没有被扶贫（F-Error）”而“不应该扶贫的被过度扶贫（E-Error）”的问题，从而导致偏离了预期的减贫效果[②]。从根本上来讲，一方面，这些看似灵丹妙药的瞄准政策违背了经济主体对激励做出反应的经济学原理（Easterly，2001）；另一方面，不管是理论还是实证研究，都得出了经济增长是最现实也是最合适的减贫手段这一结论（Ferreira et al.，2010；Ravallion and Chen，2007；Easterly，2001；Squire，1993）。经济增长使全社会的经济总量增加，而经济繁荣所带来的福利能够像涓涓细流一样惠及每个贫困人口，形成“涓滴效应”。李嘉图式增长理论认为经济增长是生产要素的函数，因

---

① 指在经济发展过程中并不给予贫困阶层、弱势群体或贫困地区特别的优待，而由优先发展起来的群体或地区通过消费、就业等方面来惠及贫困阶层或地区，带动其发展和富裕。

② 贫困瞄准机制会产生两个偏误：第一个是E偏误（inclusion errors），这是扶贫资源的溢出，它是指非贫困的人群享用了扶贫政策带来的利益，这种偏误会提高扶贫的成本，造成纵向的不公平；第二个是F偏误（exclusion errors），它是指本应该扶贫的对象没有享用到扶贫政策带来的利益。

此，通过对资本和劳动力的投入，能够自然而然地促进经济增长，进而减少贫困。诺贝尔奖得主索罗则提出了令当时和现代学术界为之震惊的结论：从长期来看，物质投资并不是经济增长的源泉，唯有外生的技术不断地进步，才能保证经济持续地增长。他计算出了在工人人均产出的增长率中，有7/8归因于技术进步（Solow，1957）；但是，以索罗为代表的新古典经济学家认为这种技术进步是收入增长中无法用劳动和资本投入来解释的一个“黑箱”。值得庆幸的是，以克鲁格曼为代表的新经济地理学家将这个黑箱打开了一部分，他们认为经济集聚将通过外部性的纽带促进经济增长、减少贫困。具体而言，经济集聚将通过分享、匹配和学习这三种微观机制来对收入增长产生作用（Duranton and Puga，2004）。对农民而言，除了上述三种机制以外，身份和环境的改变也可能促进农民收入的增长（March，1994）。因此，本书将基于新经济地理学理论来研究经济集聚以及经济集聚产生的外部性对农民增收和农村减贫的作用。

新经济地理学以经济集聚带来的规模报酬递增与距离带来的运输费用权衡的关系为基础（Fujita and Thisse，2002）。它似乎认为一个区域的经济集聚只会给当地农民带来福利，而距离因造成了一种“距离专制”而使得远离集聚区域的农民无法享受到这种福利。实际上还有一条路径在减贫方面也得到了充分的关注，即通过要素的流动特别是劳动力要素的流动来实现从贫困走向富裕的过程。生物通过迁徙来获得生存，人类也不只有“眼前的苟且”，还有“诗和远方”。历史和现实雄辩地证明，从地理大发现到工业革命，从涌动的“民工潮”到“世界是平的”，人类的经济增长和社会发展史，既是不断追寻集聚福利的奋斗史，也是不断征讨距离专制的斗争史。中国的改革开放，农村劳动力在产业和城乡之间的流动，实现了对资源的优化配置，改革开放不仅对中国的经济增长产生了显著的贡献，也实现了中国的大规模减贫。有幸的是，空间计量经济学的发展，从不同视角诠释了这种距离的含义，契合了伴随着要素流动所产生的区域之间的联系。不同于传统计量经济学假设样本之间是独立的，空间计量经济学假设了样本之间存在着空间相关性，这种更贴近现实的假设，使得空间计量分析较完美地契合了经济集聚的空间扩散性和随距离衰减的特征（Autant-Bernard and LeSage，2011）。具体而言，空间计量经济学是将距离以空间权重的形式放入空间计量模型中，合理地构建了其他区域的经济集聚对于当地农民收入增长和贫困减少所产生的作用，使得距离不再是“距离专制”，而是区域之间进行联系的纽带。这种考虑了其他区域的影响的计量估计，也将修正传统计量模型中被高估了的当地经济集聚对农民收入的影响。因此，本书在强调当地经济集聚对当地农民收入增长和贫困减少的作用的同时，还将利用空间计量经济学模型来重点地研究其他区域的经济集聚对当地农民收入增长和农村贫困减少的作用。

在自然资源禀赋和国家政策双重劣势的条件下，浙江省的经济总量和农民收入获得了快速增长，其成功奥妙在于产业集群的发展模式（阮建青，2009）。这种模式在实践中验证了经济集聚对经济增长的作用。产业集群是经济集聚的重要形式，产业集群与广义的经济集聚相比，更能够瞄准贫困的农民，因为位于产业集群中的企业主要是劳动密集型的中小型企业，能够带动大量的劳动力就业。第一，贫困者拥有的资源十分有限，劳动力几乎是其仅有的资源，但这也是他们的优势所在。对于富人来讲，除了劳动力之外他们还拥有一些其他的资产，如土地、资本、良好的教育、人际关系、政经网络等。劳动力是最具能动性的生产要素，通过劳动力流动能够实现对资源的优化配置。第二，劳动力能够享受集聚的福利。农村劳动力向城镇流动、劳动力的跨区域流动都是一个缩短经济距离、追逐经济福利的过程。对于贫困农民而言，他们最大的资本恰好就是劳动力，一旦有了非农就业机会，立刻就可以摆脱贫困。因此，本书将研究浙江省的产业集群对农民收入增长和农村贫困减少的作用。

综上所述，本书将研究经济集聚对农民收入增长和农村贫困减少的直接影响和空间溢出效应。在此基础上，本书会将经济集聚像打开黑箱一样逐步地展开，并研究经济集聚所产生的不同外部性的直接影响和空间溢出效应；然后聚焦到产业集群这种典型的经济集聚形式上，并研究产业集群对农民收入增长和贫困减少的直接影响和空间溢出效应。具体问题如下所述。

（1）从宏观层面来看，经济集聚对农民收入的直接影响有多大？从新经济地理学理论出发，打开索罗余值①的黑箱，聚焦于经济集聚对农民收入的空

① 索罗余值即全要素生产率（total factor productivity，TFP），最早由美国经济学家索罗（Solow，1956）提出，它是与单要素生产率（如劳动生产率、土地生产率等）相对应的一个概念，是衡量单位总投入的总产量的生产率指标，即总产量与全部要素的投入量之比，分母采用资本、劳动等投入的加权平均来表示，产出增长率超出加权要素投入增长率的部分就是全要素生产率的增长率。全要素生产率的增长率常常被用于衡量科技进步；但是实际上它还包括了效率的改善、要素质量的提高、专业化分工、组织创新和规模经济等内容。另外，全要素生产率的增长率往往也被用于衡量要素投入变化之外的其他因素对于产出增长的作用效果，因此 TFP 又有“索罗黑箱”之称（李谷成，2008）。索罗黑箱包罗万象，本书仅仅是谨慎地打开这个黑箱，研究其中与经济集聚相关的要素。

间溢出效应以及这种空间溢出效应有多大？

（2）经济集聚会通过外部性对农民收入产生影响，那么打开外部性的黑箱且从企业角度来看，不同的外部性表现形式（货币外部性和技术外部性）对经济集聚的直接影响和空间溢出效应如何？

（3）技术外部性强调了行业的关联性，那么打开技术外部性的黑箱且从企业和行业角度来看，不同的行业范围（MAR 外部性和雅各布斯外部性）对农民收入的直接影响和空间溢出效应如何？

（4）浙江省的产业集群发展模式是经济集聚的一个典型的表现形式，那么打开产业集群的黑箱且从宏观层面和农户层面来看，产业集群的具体数量、发展程度、不同类别对于农民收入增长、农村贫困减少的直接影响和空间溢出效应如何？

1.2 概念界定

在具体研究设计之前，首先有必要对本书所研究的相关概念进行界定。

1.2.1 经济集聚

经济集聚（economies agglomeration）是指经济活动在地理空间上的集中，是经济活动者为获得某些优势或利益而向特定区域集中的过程。按照空间尺度的不同，可以将经济集聚分为国际（区域）层面的集聚、国家层面的集聚、地方（城市）层面的集聚，等等。

1.2.2 集聚经济和外部性

集聚经济（economies of agglomeration）是指经济集聚所产生的外部性。集聚经济的实质就是外部性，外部性强调了经济主体之间不依靠市场价格机制产生的效应。它不受企业自身规模等内部性影响，而取决于整个产业、集群或者市场的规模，这是因为共享区位让相邻企业之间相互获得了“免费服务”和“免费收益”。按照不同的表现形式可以将外部性分为技术外部性（technological externalities）和货币外部性（pecuniary externalities）。技术外部性是指由于技术的外溢和扩散，产生了非市场的交互作用，这种交互作用通过直接影响某一个人的效用或某一个企业的生产函数的过程来实现。技术外部性又被分为马歇尔-阿罗-罗默（MAR）外部性和雅各布斯（Jacobs）外部性。MAR 外部性是指由特定区域中同一行业的企业之间产生的外部性，雅各布斯外部性是指特定区域中不同行业之间的外部性。货币外部性是指企业前后相关联，通过价格机制来降低企业的成本。

另外，空间溢出效应（spillover effect①）是一个与外部性类似的概念。外部性从作用范围上可以被分为地理外部性、产业外部性和时间外部性。空间溢出效应可以归属于地理外部性的一部分，它与直接影响（direct effect）相对应，认为地缘相近的区域将通过相互的协同作用来实现空间上的规模效应（Quah，1996）。空间溢出效应强调的是一个区域的经济发展对其他区域经济发展的带动作用（潘文卿，2012）。

1.2.3 产业集群和产业集聚

产业集群（industrial cluster）是指位于某个特定区域、相同的行业中或者通过行业间垂直或水平关系联系在一起的企业为了获得不同寻常的竞争优势，以彼此的共同性和互补性相联结的重要集合（波特，中译本，2003，P. 208）。

产业集聚（industrial agglomeration）是最常见的经济集聚形式，也是被研究最多的经济集聚形式之一。它是指同一类型或者不同类型的相关产业向一定区域的集中和聚合。

产业集聚与产业集群是两个密切相关而又有一定区别的概念。产业集聚强调的是企业在特定区域集中的过程，而产业集群是同一或相关行业的企业在特定区域集中后，形成的相互促进、协调和竞争的一个具有一定整体性竞争力的经济体。因此，产业集聚不一定能够产生产业集群，而产业集群一定是产业集聚的结果；产业集聚强调的是动态的过程，而产业集群强调的是静态的结果。产业集群在集聚层面，还有三个重要条件：相同或相关行业集聚，企业之间有密切的互动关系，能够产生集聚经济或外部性。

1.3 研究方法

1.3.1 统计分析法

统计分析方法能够较直观地判断和对比不同个体或区域的各经济变量的大小、结构、变化趋势、可能的相关性等特征。针对统计分析，本书将做如下工

① 空间溢出效应也被称作 indirect effect。

作。第一，描述统计分析：本书将对与经济集聚和农民收入相关的变量进行最简单和直观的描述统计分析，并且采用核密度估计方法来更好地捕捉观测值的分布特征。第二，进行空间统计分析：本书中的空间统计分析包括了绘制空间分布图、全域自相关分析和局域自相关分析。空间分布图能够描述和可视化观测值在空间中的分布特征，直观地判断出区域的异质性和集聚，全域自相关分析和局域自相关分析通过科学计算，能够研究出各变量的空间相关性。

1.3.2 计量经济学方法

计量经济学方法是进行经济理论研究和实际经济分析中一种主流的实证方法。它以识别因果效应为核心，是检验经济理论假说的主要工具（王美今和林建浩，2012）。本书将采用面板数据的固定效应模型、系统广义矩模型、极大似然估计模型、二元 Logit 模型等来对本书中的理论假设进行验证和估算。另外，由于经济集聚现象与空间区域的关系紧密，所以本书将采用空间计量经济学模型来进行估计。作为计量经济学的一个分支，空间计量经济学研究的是如何在横截面数据和面板数据的回归模型中来处理空间相互作用（空间自相关）和进行空间结构（空间异质性）分析。为更好地衡量经济集聚对农民收入增长和贫困减少的直接影响和空间溢出效应，本书主要采用了空间 Durbin 模型，它是由 LeSage 和 Pace（2009，P. 28）所构建的一个较空间滞后模型和空间误差模型更为广泛的空间面板模型。该模型同时包含了空间滞后的内生变量和外生变量，是一个能够捕捉到不同类型的空间溢出效应的框架模型（Beer and Riedl，2012）。Elhorst（2010，P. 377-381）将空间 Durbin 模型称为应用空间计量发展史上的里程碑：第一，真实的数据生成过程无论是空间滞后模型还是空间误差模型，空间 Durbin 模型都能保证模型系数的无偏估计；第二，空间 Durbin 模型对于潜在的空间溢出效应的规模没有提前施加任何限制（田相辉和张秀生，2013）。在空间 Durbin 模型的基础上，本书将采用偏微分方法来进行求解，以得出具体的直接影响以及空间溢出效应的弹性系数和显著性。

1.3.3 规范研究

上述两类方法都可以归属于实证研究方法，它们着重于回答“基本事实是什么”，不涉及价值判断，但是，经济学分析绝对不能走入“为了模型而模型”的误区，经济学的分析还需要基本的价值判断以作为补充，要提出“应该怎么样”的规范性命题。本书将结合规范研究，以作为实证研究的补充，希望能够对政府部门的政策制定提供具有一定借鉴意义的建议。

1.4 技术路线

本书从新经济地理学、空间计量经济学和发展经济学理论出发，结合与经济集聚和收入增长相关的特征化事实，首先提出了研究经济集聚对农民增收和农村减贫的直接影响与空间溢出效应的问题；然后利用统计分析、实证研究并从多维度来检验经济集聚对农民增收、农村减贫的影响；最后基于亲贫困增长、包容性增长和四化同步理念，提出了相应的政策建议（图1.2）。

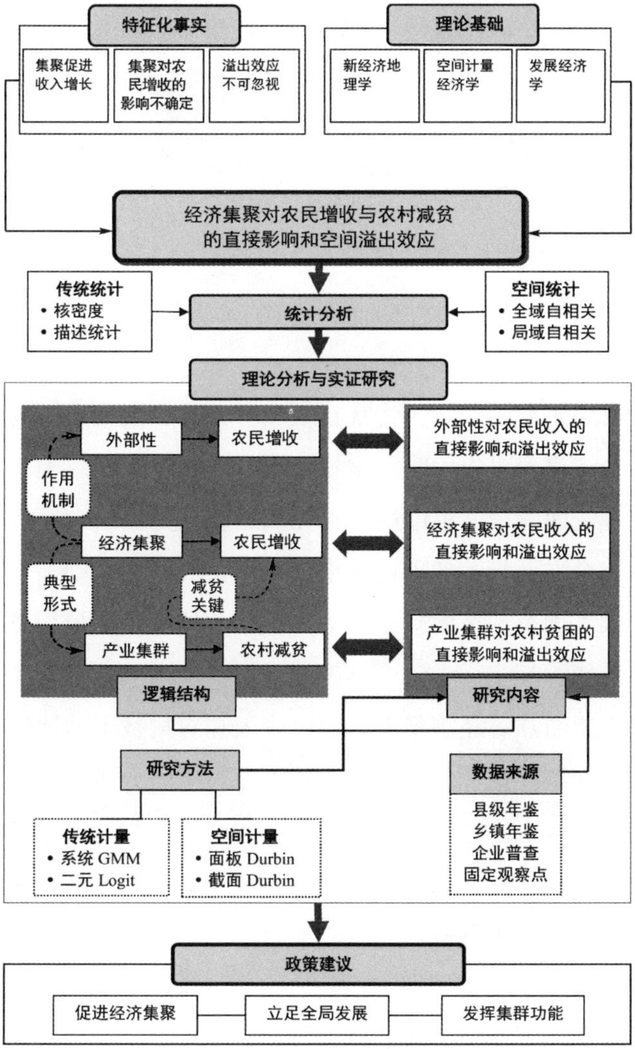

图1.2 全书技术路线图

为了进一步地阐述核心的实证部分，本书单独且详细地画出了实证部分的技术路线图（图 1.3）。

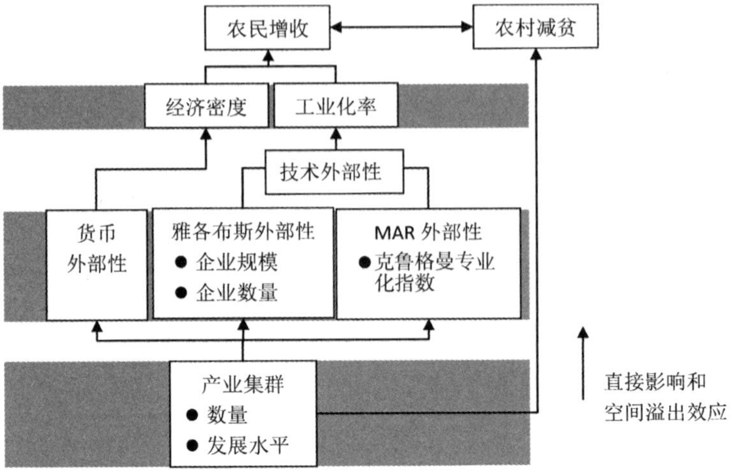

图 1.3　实证部分的技术路线图

1.5　本书结构

本书基于所要研究的问题，将从县级和乡镇的宏观视角、企业和农户的微观视角来探索经济集聚对农民收入增加、农村贫困减少的影响。

第 2 章是理论回顾与文献综述。首先从宏观上把握了与经济集聚、收入增长和贫困减少三个方面相关的理论脉络，在理论回顾的基础上，综述了国内外与经济集聚、收入增长和贫困减少三个方面相关的文献，最后总结了本书对这一领域文献的可能贡献。

第 3 章是介绍浙江省经济集聚、农民收入和农村贫困的演化历程、发展现状和主要特点。在统计描述的基础上，重点通过空间分布图直观、明晰地反映了经济集聚与农民收入的空间分布和演进，同时进一步地通过空间统计分析研究了各变量的空间相关性并聚焦到了浙江省产业集群的发展，对产业集群与农民收入的统计特征进行了分析。

第 4 章是实证研究经济集聚与农民收入。本章主要以浙江省 69 个县和 1215 个乡镇的面板数据，通过空间 Durbin 模型，以实际的交通时间倒数作为空间权重来研究经济集聚对农民收入的直接影响和空间溢出效应①。

第5章是实证研究经济集聚所产生的外部性对农民收入的影响。本章主要基于乡镇面板数据来研究宏观经济集聚的货币外部性和企业角度的技术外部性对农民收入的影响，同时进一步地基于经济普查中对166023个企业的调查数据并采用二位数、三位数和四位数的行业代码来分别计算出克鲁格曼专业化指数，以用于控制行业差异对外部性的影响以及研究MAR外部性和雅各布斯外部性对农民收入的影响。

第6章分别从区域角度和农户角度实证研究了产业集群对农民增收、农村减贫的影响。区域角度主要是从县级层面，基于第一次经济普查对166023个企业的调研数据和第二次经济普查对352449个企业的调研数据，并采用四位数的行业代码来计算出产业集群的数量、赫芬达尔-赫希曼指数②（Herfindahl-Hirschman index）和EG指数，以研究产业集群的发展对农民收入的直接影响和空间溢出效应。农户角度在将2004年和2008年农村固定观察点数据和浙江省经济普查数据匹配为面板数据的基础上，研究了浙江省产业集群的数量对农民增收与农村减贫的直接影响和空间溢出效应，并进一步地基于三位数的行业代码和四位数行业代码研究了不同类别的产业集群对农民增收和农村减贫的作用。

第7章是对前面各章的研究结论进行概括性的总结。在此基础上，本章基于四化同步、亲贫困增长和包容性增长理念，提出了相应的政策建议，并指出了本书中存在的不足和进一步研究的方向。

1.6 数据来源

本书将采用多层次数据相结合的分析方法。从宏观上来看，本书将主要涉及我国三级行政区域划分的行政单位（省级、县级和乡镇级）的数据；从微观上来看，本书将采用企业级数据和农户级数据。基于此，本书的数据来源主

① 交通时间是根据浙江省各县（乡镇）的地理位置分布，通过谷歌地图来查询两地行政中心之间驾驶机动车辆消耗的时间；而且谷歌地图区分了不同等级道路的单位交通时间。

② 简称为赫芬达尔指数，后续都采用该简称。

要有省级数据和县级数据，它们来自于历年来的《中国统计年鉴》《浙江省统计年鉴》《新中国六十年统计资料汇编（1949～2008）》《浙江60年统计资料汇编（1949～2009）》，这些都是中国权威的官方出版物。诸多学者对中国统计数据的真实性都提出了一定的质疑；但是不可否认，中国的政府数据是最好的可得数据（林毅夫，1992，P. 59）。中国官方统计的质量与具有同等收入水平的其他国家相比，是很不错的（Eckstein et al.，1980）。尽管用中国数据来衡量任何特定年份的绝对量时会存在错误的边际（Eckstein et al.，1980），但将它用于衡量中国经济演进的基本趋势还是可行的。邹至庄（2005，P89-90）也曾明确地指出，采用中国的官方数据进行计量分析已经足够了，即使对真实性有质疑，也应该对比通过这些数据得出的结果是否与已知条件一致：如果一致，那么数据与结论在一定程度上互相验证；如果不一致，那么就应该检验到底是已知条件的问题还是数据的问题，并适当地进行修正。他以自身的经验表明：如果计量方法运用得当且官方数据是足够精确的，那么在一个相当长的时期内，其变化状况会非常精确（李谷成，2008）。

乡镇级数据来自于《浙江乡镇统计年鉴》，该年鉴仅在2004～2007年出版，是唯一一本能够全面地反映出浙江省乡镇社会经济发展现状的统计资料，本书仅选取了2004～2006年这三年的乡镇数据。由于所要衡量的相关变量不需要时效性很强的数据，并且有其他层次的最新数据作为补充，所以乡镇数据足以反映出实际的经济发展状况。

企业微观数据主要来自于浙江省第一次和第二次经济普查的数据。第一次和第二次经济普查的标准时点分别是2004年12月31日和2008年12月31日，它们以浙江省境内从事第二产业和第三产业的全部法人单位、产业活动单位以及个体经营户为普查对象，从单位基本属性、就业人员、财务状况、生产能力、生产经营状况、原材料和能源消耗以及科技活动等方面进行了普查。浙江省第一次经济普查对全省11个市的数据质量进行了抽查，共抽查了126个普查小区的12026个法人单位和产业活动单位（抽查比例为24.1‰）、34786家个体经营户（抽查比例为12.6‰）。抽查汇总结果表明，浙江省经济普查数据的填报综合差错率为3.7‰（浙江省第一次经济普查领导小组办公室，2005）。在浙江省第二次经济普查中，全省经济普查数据的填报单位指标差错率为3.6‰，个体经营户差错率为1.8‰，这两次经济普查的数据质量均达到了预期目标（浙江省第二次经济普查领导小组办公室，2010）。采用经济普查数据一方面是为了能够对宏观数据进行补充，另一方面是由于宏观统计数据中往往只公布了规模以上企业的数据①，而浙江省产业集群的发展特点是以中小企业为主，所以采用经济普查数据能够更好地对该省的产业集群进行研究。

本书中农户微观数据来源于浙江省农村固定观察点历年来对该省 10 个村 500 户的跟踪调查数据。农村固定观察点数据②按照不同的调查样本分为村级综合数据、农户综合数据和企业综合数据，本书主要采用了农户综合数据。中国对农村固定观察点数据的调查于 1984 年正式开始，各村聘请了辅助调查员，一般每 10 户设辅助调查员 1 人。调查方法分为抽样调查、全面调查和典型调查，在对调查村的选择上采用了类型抽样，即分类抽样的方法。根据各省、区、市村庄的类型，在各类型内抽取一定的单位以构成样本，其总体数量为 10 个左右。在对相关调查户的选择上采用了多种抽样方法：按收入水平的高低、承包耕地面积的多少来进行抽样，或按户口簿的顺序、居住的顺序来进行抽样。此时要进行的是固定观测调查，要求调查户一经确定后就不能变换，即样本不能轮换。对调查户分家时的处理采用了两种方法：一是对分开的各户都进行调查，二是只调查其中的一户。在统计方法上，各省的固定观察点主管部门（主要是省级农村工作办公室）要根据自己的实际情况来为调查户建立家庭日记账，调查户发生的每一项经济活动均需要被完整地记录在该日记账上。浙江省的 10 个村分别是杭州市临安市③龙上村、湖州市南浔区永丰村、嘉兴市秀城区余北村、绍兴市绍兴县④西蜀阜村、宁波市鄞州区庙堰村、台州市温岭市新民村、温州市瑞安市金后村、舟山市普陀区鹁鸪门村、丽水市莲都区河边村和金华市金东区石板堰村。调查样本覆盖了不同地市以及不同地形的特征，调查内容涵盖了人口情况、劳动力情况、土地情况、固定资产情况、农作物播种面积和主要农产品的产量、出售农产品情况、购买生产资料情况、家庭经营概况以及家庭全年收支情况、全年主要食物的消费量和主要耐用物品的年末拥有量等方面。该数据是中国官方较为权威的大型微观调研数据，能够准确地反映出浙江省农业、农村和农民的发展状况。

---

① 研究中常用的中国工业企业数据库的企业微观数据也是仅有规模以上企业数据。按照 2008 年经济普查数据计算，浙江省规模以上企业仅占总企业数量的 26.2%。

② 对于农村固定观察点微观调查数据的调查工作和处理细节的详细介绍可以参考《农村固定观察点系统的建立及其运作》，http://www.fk.gov.cn/10134/10134/00011/2007/35919.htm。

③ 2017 年 8 月，撤销县级临安市，设立杭州市临安区。

④ 2013 年 10 月，撤销县级绍兴县，设立绍兴市柯桥区。

另外，由于本书研究跨度较长，研究采用 2011 年左右的数据。但是研究方法重点聚焦于因果关系分析，研究内容时效性并不强，所以数据仍然有较强说服力。

1.7 可能的创新

第一，从理论和实证上研究了经济集聚对农民收入的直接影响和空间溢出效应。本书采用步步深入以开启经济集聚对农民收入影响机制的“黑箱”的方式，将经济集聚对农民收入的影响分成了几个密切相连、逐步深入的实证板块：经济密度、工业化与农民收入—外部性与农民收入—产业集群与贫困减少。具体而言：①在垄断竞争和规模报酬递增的假设下，基于 Duranton 和 Puga（2004）、March（1994）的微观理论基础，通过打开索罗余值的黑箱，梳理了经济集聚整体上对农民收入作用的理论机制，实证分析了经济集聚对农民收入的直接影响和空间溢出效应；②在货币外部性和技术外部性以及 MAR 外部性和雅各布斯外部性的理论框架下，研究了不同地理维度和行业维度的外部性对农民收入的作用；③在世界银行（2000）的理论框架下，研究了产业集群的数量、产业集群的发展水平对农民收入增长、农村贫困减少的直接影响和空间溢出效应。

第二，对样本选择的创新。运用 21 年的县级长周期数据和 3 年的乡镇级小单位大样本数据来进行空间面板分析。以往的研究很少采用县级甚至更小的空间尺度（spatial scale）来进行空间计量分析；而空间尺度过于宏观会忽视区域内部的差异，大大地降低分析的可信度（陈良文等，2008）。对于中国而言，各县拥有决定是否使用土地的权力并逐步地形成了规范的税收分成制，这种制度通过县级地方政府和上级政府对经济租的分成来对县级地方政府形成巨大的激励，这被认为是破解中国改革之后经济高速发展奇迹的密码（张五常，2009，P. 18-20）。乡镇是中国的一级基层政权组织，是农村经济社会活动的直接组织者和管理者。本书选取的样本能够深入到县级内部各乡镇的差异，对于科学地理解县域经济的发展和合理地解决制定县域发展政策有重要意义，也增加了本书选取空间尺度的政策含义。县级数据解决了乡镇级数据周期短的问题，而乡镇级数据又较县级数据更加精细。另外，本书还将浙江省固定观察点数据与县级数据匹配，从而使研究具有更强的微观含义。

第三，对研究方法的创新。①采用了经济距离衡量距离矩阵。它选取了区域之间的交通时间的倒数来作为空间权重矩阵，较 0-1 矩阵和两地直线距离矩阵都有突破性的改进。因为交通时间是在实际距离的基础上来进行计算的，所以较直线距离而言，它考虑了实际道路的通勤效率，这使得本书中的空间计量模型较以往的研究估计结果更加准确，是现有研究中最接近于经济距离的方法。特别是本书构建了 1215 个乡镇两两之间交通时间的空间权重矩阵且采用了面板数据，使得本书中数据的精细度远远高于以往的研究，因而得出的结论更为稳健；②采用了通过浙江省经济普查微观数据来计算得出的克鲁格曼专业化指数、产业集群数量、赫芬达尔指数和 EG 指数，让对外部性的分析更具有不同行业的微观特征；③采用了空间 Durbin 模型，该模型不仅能够判断出是否存在经济集聚对农民收入的空间溢出效应，还能够衡量出这种空间溢出效应有多大。

2 理论回顾与文献综述

本章首先简要回顾和评述新古典经济学增长理论，引出集聚的相关理论，梳理从古典经济学到新经济地理学、竞争优势理论中与经济集聚和产业集群等相关的理论的发展脉络；然后，综述国内外与经济集聚、收入增长和贫困减少三个方面相关的文献；最后，总结本书在以往研究的基础上可能的贡献。

2.1 理论回顾

2.1.1 新古典经济学增长理论

以索罗-斯旺模型（Solow，1956；Swan，1956）为代表的新古典增长模型，建立在规模收益不变、生产要素的边际收益递减和生产要素之间的可替代性三个假设前提下，并利用新古典生产函数开发了一个新的视角。该模型认为经济增长是资本积累的过程，其对经济总体的增长贡献来自于劳动、资本和技术进步。由此可以推导出无论从任何一点出发，长期内一国的经济都会逐渐地向平衡增长路径收敛，直至均衡的“稳态”。离均衡状态越远则收敛强度越大，即经济不发达的国家将拥有比发达国家更快的增长速度，进而可以实现缩小不同国家间的收入差距，实现经济的趋同。Solow（1956；1957）通过对美国工人人均产出的增长率进行研究，提出了令当时和现代研究者为之震惊的结论：从长期来看，物质投资并不是经济增长的源泉，唯有外生的技术不断地提高，才能够保证经济的持续增长。在此基础上，Solow（1957）认为这种技术进步是收入增长中无法用劳动和资本投入来解释的部分。因此，这种技术进步即全要素生产率，被视为“残差”或者“黑箱”。

然而，新古典经济增长理论模型的微观基础是建立在完全竞争和规模报酬不变的假定之上的，由资本积累和劳动投入所带来的经济增长最终会由于要素边际报酬的递减而消失。在此种情况下，技术进步只是一个外生的“投入-产出黑箱”，它在具体的计量估算中被作为“余值”来进行处理，因此不能看出经济增长的内在机制在如何起作用。按照这个逻辑，只要能够改善落后地区的各投入要素，那么地区间的经济增长就会自然而然地走向趋同，实现共同富裕

（范剑勇，2008，P. 2），但这在现实世界中并不一定可行。因此，在不完全竞争的框架下，产生了新经济地理学理论。该理论认为经济的空间集聚不仅依赖于资源禀赋，还受到了由经济集聚所产生的外部性的影响。它强调了市场规模的循环累积和内生形成，更加能够合理地解释出经济增长中的索罗余值，并且也进一步地将索罗余值的黑箱打开了（石灵云，2010，P. 19-20）。

2.1.2 集聚的相关理论

经济理论的作用就像一张地图（林毅夫，2012，P. 245）。一个有趣的对照是，与集聚相关的理论特别是新经济地理学理论，恰恰可以将整个经济现象展现到一张图景上，并能够对图景的不同分布、结构和演化进行合理的抽象、简化和解释。

1. 早期的集聚理论

古典经济学理论探讨了影响财富积累和生产率增长的因素。斯密（Smith，1902）认为商品的交换产生了社会分工，社会分工的不断深化促进了劳动生产率的提高，并成为经济增长的重要来源。其原因在于：第一，专业分工使工人不断地重复相对简单和单调的技能，进而达到熟能生巧；第二，专业分工节约了从一项生产环节转向另一项生产环节时会损失的时间；第三，专业分工的不断深化，推动了大量简化和节约劳动的机械发明，使一个人能够做多个人的工作。因此，这种分工带来了比独立生产更多的产出，也使每个参与劳动分工的工人获得了比独立生产更高的劳动报酬（速水佑次郎和神门善久，2009）。他还提出了“斯密定理”，即分工的程度受市场范围和规模的限制，这种限制又与地理位置、自然资源和人口密度有关。例如，他认为对于一个搬运工而言，也必须布局在一个大城市中，一个小山村或者一个普通的乡镇都不足以为他提供长期的工作。可见，在斯密的古典经济增长理论中，已经对经济的分布、经济集聚有了一定的涉及，其分工理论与新经济地理学理论也有着重要的关联。经济集聚让大量的企业和工人集聚在了一个相对接近的区域，这为劳动分工创造了有利的环境。例如，产业集群的兴起将一个产品分散到了多个低门槛的生产环节，从而让贫困人群能够参与到产业分工中，并且享受到专业分工所带来的福利（阮建青，2009）。因此，有学者认为对产业集聚的分析可以追溯到斯密的古典经济学理论（石灵云，2010，P. 10），但是，古典经济学主要采用的是文字描述或者图表说明，并没有用到数理工具。

屠能（2009，中译本）被认为是产业集聚研究的鼻祖，他提出了著名的“屠能圈”，即在空间均质的假设前提下，农业生产将围绕中心城市呈现向心环带状的分布特点。他认为经济集聚的向心力主要来自于四个方面：第一，大规模的工厂化生产能够节约手工劳动的费用，产生更高的劳动生产率；第二，工厂的规模取决于市场对其生产的产品的需求；第三，分工与工厂规模紧密相关；第四，因为工厂和车间的距离足够短，能够互相协调生产，所以工厂的分布是社区性的。这些内容已经具有 Krugman（1991）所提出的产业集聚向心力的雏形：单个厂商水平上的规模报酬递增、经济总体中代表先进部门的制造业份额与对制造业产品的需求大小、制成品的专业化生产和部门间技术外溢（Fujita and Thisse，2002，P. 10-11）。

马歇尔（Marshall，1920）提出了产业区（industrial district）的概念，这被认为是“产业集群”的原始概念。在新古典经济理论的框架下，他认为形成产业集聚的原因主要有：第一，自然条件，如原材料运费很高的产业往往会在原材料产地集聚；第二，需求条件，在这种条件下，企业倾向于靠近市场建厂；第三，政治（文化）影响。另外，他认为企业在特定区域集聚是为了获取外部性带来的收益。外部性的存在，产生了锁定效应（lock-in effect）。马歇尔认为集聚的外部性包括了以下几个方面。第一，劳动力蓄水池效应（labor pool）。他认为，一方面大量在特定区域集聚的企业可以共享专业化的劳动力市场，保证了企业无论在“好时光”还是“坏时光”的劳动力供给；另一方面对于工人而言，具有大量企业集聚的区域是寻找就业机会的良好选择，降低了工人的失业率。第二，中间投入品共享（input sharing）效应。对中间投入品相同或类似的需求，使得相同和相关行业（辅助行业）在特定区域集聚，让企业可以获得多种多样、单位成本低、专业化的中间投入品（如大型机械设备等）。实际上，这也强调了经济集聚对投入品和产出品运输费用的节约。第三，知识溢出效应（knowledge spillover）。同一行业的企业和工人在同一区域的集聚存在着三个有利于知识溢出的条件：①企业之间存在着密切的正式或非正式的交流；②劳动力和人才在集聚区域内部流动；③企业家和工人具有的知识背景、技能条件都十分接近甚至相同。在这三个条件下，很多行业的秘密不再是秘密，新知识、新技术和新思想都得到了传播和应用。Marshall（1920）甚至认为这种知识就像在空气中存在一样，小孩子都可以无意识地学习到相关知识。这些因素在一定程度上是集聚的优势，同时也与集聚形成的原因密不可分。

韦伯（2009，中译本）从企业的区位选择角度对经济集聚进行了研究。他认为区位因子决定了企业的选址，区位因子费用最小的区位是最好的区位。这些区位因子包括：运输费用、劳动费、集聚和分散。在完全竞争市场条件下，小企业不能改变市场所决定的销售价格，只有通过将工厂建在区位因子费用最低的区位，才能够实现收益最大。当所有企业都按照这一原则来确定建厂的区位时，就实现了企业在特定区域的集聚，这些集聚的企业比单个分散的企业更加能够获得更多的收益和节约更多的成本。韦伯进一步地分析了影响集聚的因素并认为，影响集聚的因素包括了特殊因素和一般因素。特殊因素包括便利的交通条件、丰富的资源禀赋等，但是这些特殊因素并不具有理论一般性，因此，韦伯更加着重于一般因素。一般因素包括：第一，对专业化技术设备的需求；第二，对专业化劳动力组织的需求；第三，市场化因素，该因素导致了企业的集聚可以最大限度地批量购买和销售产品；第四，经常性开支成本，该成本促使了企业之间需要共享煤气、自来水等基础设施（吴德进，2006，P. 32）。

2. 新经济地理学理论

在马歇尔、韦伯之后，关于经济集聚的研究一度游离于主流经济学之外。所幸的是在过去的二十年中，经济世界的不平衡让空间经济学受到了广泛关注，以汉德森、藤田昌久、克鲁格曼等为代表人物的新经济地理学的兴起，将空间的概念引入到了主流经济学的分析框架中，使经济集聚回归到了科学的经济学研究框架里。

新经济地理学也被称为“空间经济学”①，是研究经济活动发生在何处、为什么发生在此处的理论，它被认为是经济学研究中关于收益递增和不完全竞争的第四次革命，甚至被认为是经济学最后的前沿（Krugman，1998），该理论也是本书主要的理论基础之一。新经济地理学建立在规模报酬递增和不完全竞争的假设基础之上，它将 Dixit-Stiglitz 的垄断竞争模型（D-S 模型）发展为 Dixit-Stiglitz-Krugman 垄断竞争模型（D-S-K 模型），以解释经济集聚现象。与传统的经济增长理论所强调的“地理第一天性”的要素供给对经济增长的

① 梁琦（2005）在关于空间经济学综述的文章中，阐述了新经济地理学之称由于侵略到了经济地理学的研究“乐园”，所以往往将新经济地理学称为“空间经济学”。但本书为了统一，都将其称为新经济地理学。

影响不同，新经济地理学强调的是地理第一天性和地理第二天性的共同作用。新经济地理学理论主要包括了以下三个方面。

第一，规模报酬递增。规模报酬递增是新经济地理学区别于新古典经济学的一个重要假设。Krugman（1991）认为规模报酬递增在本质上是一个区域和地方的现象，具有密切经济关联的产业由于地缘接近，因而产生了由规模经济所带来的成本节约。

第二，空间集聚。空间集聚与规模报酬递增密切相关，Krugman（1991）认为产业集聚是由价格指数效应（price index effect）和本地市场效应（home market effect）这两种力量联合作用而产生的。具体而言，价格指数效应阐述了由于运输成本的存在，工业企业集聚的区域的消费者价格指数较低，因此，如果存在名义工资率相同的集聚区域和非集聚区域，那么企业集聚区域的工人将可以获得更高的实际工资率，这将促进工人向集聚区域流动。对于企业而言，他们也可以通过支付相对较低的名义工资率来吸引劳动力，这被认为是一种前向关联（forward linkage），即与产出相关联。本地市场效应是指由于运输费用的存在，企业倾向于将工厂建在市场需求较大的区域，即市场潜能较大的区域。企业的集聚将导致劳动力数量在该区域增加，劳动力数量的增加就等于消费者数量的增加，这将提高对当地制造业产品的需求，而对制造业产品的需求增加又将导致企业的进一步集聚（库姆斯等，中译本，2011，P. 105），这是一种后向关联（backward linkage），即与投入相关联。另外，Rosenthal 和 Strange（2004）认为寻租行为也是产生集聚的一个原因，与集聚力量对应的是两个分散力量：市场拥挤效应（market crowding effect）和非流动效应（immobile factors effect）。市场拥挤效应强调了企业集聚将导致激烈竞争；非流动效应强调了劳动力对土地和当地资源（如制造业产品的需求）的依赖性。

第三，路径依赖。Krugman（1991）认为企业的集聚可能发端于历史渊源或偶然事件①，然后通过循环累积因果效应来使得集聚进一步地强化和调整。这就是集聚的初始优势因“路径依赖”而被放大（滚雪球效应）的过程，进而

① 这种历史或偶然在新经济地理学中用了一个词“Ad hoc dynamics（特别动态）”来诠释，即经济地理的演化是从多个可能性中选择的其一（Fujita et al. 1999）。梁琦（2005）在一篇经典的对新经济地理学（空间经济学）的综述文章中，用深圳的例子提出“为什么当年小平同志是在南海边画了一个圈?”，她认为这是历史选择的深圳，体现了一种偶然中蕴含着必然的辩证关系。

产生了马歇尔（Mashall，1920）所描述的“锁定（lock-in）”效应（Krugman，1991），这一过程也证实了集聚所带来的“中心-外围”的区域经济增长格局客观存在。当然，分散力量在与集聚力量的角逐中，也可能会产生预期和自我实现机制，即分散力量或特殊事件的产生，会使企业家看好另一个区域，并根据这个预期来采取“用脚投票”的集体行动，使得产业集聚中心转移或新的中心产生（梁琦，2008）。

随着经济全球化和信息化的不断发展，“世界是平的”的理念越来越贴近现实世界，建立在距离、运输成本等因素上的新经济地理学似乎不再适用，但是地理距离仍然对经济增长起到了重要的作用，新经济地理学仍然是研究经济集聚现象、区域或产业经济增长等内容不可或缺的重要理论基础：第一，劳动力等要素的流动仍然十分频繁，这种流动仍然受到了很大的限制和约束，距离对货物运输、劳动力流动和信息传递仍然产生了较大的影响（Paul and Edward，2003）；第二，面对面的交流仍然比使用通信设备的交流有更多的优势，信息化仍然无法完全地替代生产和服务中面对面的交流（Edward and Janet，2003；吴玉鸣，2004）；第三，新经济地理学理论也在不断地发展和改善，运输成本更多地被交易费用的概念替代，距离也更加强调的是经济距离而不是简单的地理距离。

3. 竞争优势理论

波特（Porter，1990）正式提出了产业集群的概念。他将产业集群定义为在特定行业中，由同时具有竞争与合作的关系且在地理上集中、有交互关联性的企业、专业化供应商、服务供应商、相关产业的厂商以及相关的机构（如大学以及制定标准化的机构、产业协会等）所形成的具有一定竞争力的经济体。他认为产业集群是一种不同于科层或垂直一体化的组织，并认为产业集群会通过三种形式来影响竞争：第一，增加企业或行业的生产率，产业集群内的企业更加靠近专业化的供应商、劳动力，他们拥有获得专业的技术信息、买卖信息等的便利，这些都大大地降低了交易费用，提高了生产率；第二，在集群内的企业能够更清楚、更迅速地察觉到新的客户需求，增加企业的创新能力，进而提高了生产率；第三，通过促进新业务的形成、鼓励新企业的产生，扩展并强化产业集群自身，影响竞争；第四，产业集群降低了新企业的进入壁垒。波特（Porter，1990）还认为产业集群产生的作用与实现产业的国际竞争力有重要的联系，产业集群的形成是经济发展的基本因素之一。他将成功集群所具备的共同要素整合成了著名的钻石模型。

4. 外部性理论

外部性是城市经济学和新经济地理学中的核心概念，是理解经济集聚的基础（田向辉和张秀生，2013）。本章将外部性独立于新经济地理学理论，是为了更加明晰外部性理论在本书后续研究中的重要性。

对外部性的研究最早可以追溯到马歇尔，他主要强调了技术外部性①，这种外部性指由知识共享或学习模仿而引起的外部性。范剑勇（2008，P. 41）认为，普遍存在于我国的专业化园区和产业集群体现了技术外部性的优势。Arrow（1962）将马歇尔理论模型化，建立了阿罗模型，他认为由于知识外溢的存在，企业因而可以通过“干中学”来获得新技术，进而提高劳动生产率。Romer（1986）在阿罗模型的基础上，将内生的技术进步引入了该模型，建立了内生经济增长模型。Mashall、Arrow 和 Romer 都从动态角度强调了技术外部性，他们的观点形成了马歇尔-阿罗-罗默外部性（Marshall-Arrow-Romer externalities），简称为“MAR 外部性”。MAR 外部性的观点主要是认为外部性来源于同一产业内的企业之间，一个产业的专业化程度越高，就越有利于提高劳动生产率。

在技术外部性的框架下，还有一种外部性是值得关注的——雅各布斯外部性（Jacobs externalities），它强调了来源于多样化的外部性。雅各布斯在 1960 年出版了一部至今仍十分有影响力的著作——*The Death and Life of Great American Cities*（《美国大城市的死与生》），她在这部著作中强调了思想和知识在不同产业中的传播。同时，雅各布斯还特别强调了多样化对于小企业的作用，她认为大城市是各行各业中小企业的天然经济家园，小企业必须依赖于自身以外的技术供给，而且他们需要生存在一个有市场需求的区域中。雅各布斯进一步地将多样化思想放入了城市经济学的研究框架中，她认为外部性来源于城市化经济，强调产业的多样化促进了经济的集聚，进而推动了劳动生产率的提高（Jacobs，1969）。Harris 等（1996）认为雅各布斯外部性能够实现不同行业间的知识互补，进而产生新的生产领域。傅十和和洪俊杰（2008）认为雅各布斯外部性对于企业的作用主要有：第一，对中间投入品的分享；第二，交易费用的降低；第三，统计意义上的生产规模化和消费规模化；第四，新产品和新

① 又叫作 K-linkages（knowledge linkages）。实际上，在马歇尔认为的外部性的三个来源中，中间投入品共享效应和劳动力蓄水池效应都具有货币外部性的特征，而知识外溢效应才是技术外部性的典型特征。

技术的产生。

MAR 外部性和雅各布斯外部性共同构成了技术外部性，除了对外部性的来源存在着长期的争议以外，这两种外部性的观点差异还在于垄断和竞争对经济增长的作用方面。MAR 外部性认为垄断更有利于技术创新和经济增长，因为垄断的产生能够使企业将具有外部性特征的技术内部化，从而可以使企业获得更多的收益，进而推动经济的增长；雅各布斯外部性则认为竞争是经济增长的源泉（石灵云，2010，P. 115），由于竞争，企业为了生产会被迫创新，进而提高劳动生产率（van Oort and Stam，2006）。波特的竞争优势理论与雅各布斯外部性对于垄断和竞争的观点一致。由于波特（Porter，1990）的理论与雅各布斯外部性关于竞争的观点一致，又支持 MAR 外部性关于专业化的观点，所以有研究将波特的观点单独地划分成了波特外部性（这三种外部性的区别见表 2. 1）。

表 2. 1　不同外部性的来源

	专业化	多样化	竞争
MAR 外部性	是	否	否
雅各布斯外部性	否	是	是
波特外部性	是	否	是

转引自：Andrea and Catherine（2009）。

然而，直接的物理接触难以充分解释区域间的集聚现象，如美国历史上东北部和五大湖中心的“制造业地带”、欧洲的“蓝香蕉”（范围包括了从伦敦到意大利北部以及穿过德国西部，以及比利时、荷兰、卢森堡三国经济联盟的部分城市区域）和我国东部沿海地区的制造业中心都是在一个大范围内的经济集聚。这种集聚更多的是强调由企业、消费者与工人之间的市场相关联所产生的货币外部性①而不是技术外部性（Fujita and Thisse，2002，P. 14）。货币外部性是在不完全竞争的条件下市场交互作用的副产品，它通过价格机制来对企业或消费者产生影响。货币外部性又分为货币外部性Ⅰ和货币外部性Ⅱ，货币外部性Ⅰ仅限于生产者之间的投入与产出的关系，货币外部性Ⅱ包括了生产者之间、生产者与消费者之间的相互关系。

以往的研究较多地将技术外部性视为制度因素、人力资本和马歇尔所提到的三个集聚来源的黑箱，而更多的是研究货币外部性。Krugman（1991）认为

① 又叫作 E-linkages，economic linkages。

货币外部性的来源明确，能够进行清晰的模型化，因此他强调的是要素流动而不是知识外溢对于经济集聚的重要性（石灵云，2010，P. 15）。

另外，胡佛（Hoover）将技术外部性分为了地方化经济（localization economy）和城市化经济（urbanization economy）。实际上这和 MAR 外部性、雅各布斯外部性都可以在一定程度上相对应，但是又在部分细节上有差异。地方化经济即“块状经济”，它强调了位于同区域的同行业企业由于地缘接近而实现的集聚效应，是企业之外、行业之内的外部性。城市化经济强调的是城市范围内的规模报酬递增，是行业之外、城市之内的外部性（Hoover，1936）。在不区分静态和动态的差别时，往往将地方化经济和 MAR 外部性视为同一概念，把城市化经济和雅各布斯外部性视为同一概念。

为了更加明晰地区别开各外部性的特征，本章结合李金滟与宋德勇（2008）等的文献对各外部性进行了总结，见表 2. 2。

表 2. 2　不同外部性的区别与联系

名称		外部性来源	是否对市场进行考虑	动态或静态
技术外部性	MAR 外部性	专业化 垄断	不考虑	动态
	地方化经济	专业化 垄断	不考虑	静态
	雅各布斯外部性	多样化 竞争	不考虑	动态
	城市化经济	多样化 竞争	不考虑	静态
货币外部性	货币外部性 Ⅰ	专业化 垄断竞争	考虑	静态
	货币外部性 Ⅱ	多样化 垄断竞争	考虑	静态

从作用范围来看，外部性又分为产业外部性、地理外部性和时间外部性（Rosenthal and Strange，2004）。产业外部性强调的是由产业特征（产业整体规模、产业多样性、产业专业化）而产生的外部性。地理外部性，也叫作空间外部性，它强调的是位置的集中以及与地理距离密切相关和相关性随距离增加而衰减的特征。地理外部性还与经济体的整体规模如城市的经济密度等相关，因此地理外部性实际上包括了产业外部性。时间外部性强调的是一个主体和另一个主体在过去某一时点的交往会对目前的生产率产生的影响，如知识外溢的产生将通过一定的时间累积才能发挥作用，产业集聚的循环累积因果效应

也是需要一定时间的逐步演变才能实现。在实证研究中，往往是采用滞后变量来衡量时间外部性的作用。

需要说明的是，庇古和科斯的外部性理论也对经济理论研究作出了突出贡献，但是本书强调的是空间（产业）的外部性，所以并没有对他们的外部性理论进行回顾。

2.1.3 贫困的相关理论

马尔萨斯被认为是研究贫困问题的鼻祖。他在著名的《人口论》中认为人口将以几何级数增长，其增长速度会远远大于土地等生产资料的增长速度。当人口的增长速度超过生产资料的增长速度时，就会产生贫困和罪恶，因此要限制人口增长，使人口增加和生产资料相平衡。进一步地，他认为贫困是罪恶的根源，而不是资本主义社会的经济和政治制度，只有私有制才能消除人口的过快增长，而对贫困的救济将促进人口增长。该理论往往被认为是站在资产阶级立场为因制度而产生的贫困辩护（叶普万，2004，P. 28）。

与马尔萨斯不同的是，马克思从制度层面揭示了贫困的根源。他认为资本家是通过剥削工人来获得剩余价值，并且不断地将剥削来的剩余价值转化为资本，同时不断地进行扩大再生产，进而获得更多的剩余价值。在这个过程中，由于资本家用于购买生产资料的不变资本相对地增加，而购买劳动力的可变资本相对地减少，雇佣工人也相对地减少，因此产生了失业和贫困。马克思认为，资本主义私有制是造成无产阶级失业和贫困的最主要的根源，“剥夺者被剥夺”是摆脱贫困的唯一出路（叶普万，2004，P. 29；张清霞，2007）。

纳克斯（Nurkse）提出了“贫困恶性循环”理论。他通过对发展中国家的贫困问题的系统性考察，认为“一国穷是因为它穷”，发展中国家的贫困源于若干个恶性循环系列。从资本供给方面来看，这些国家形成了一个“低收入-低储蓄能力-低资本形成-低生产率-低产出-低收入”的恶性循环；从资本需求方面来看，这些国家形成了一个“低收入-低购买力-投资引诱不足-低资本形成-低生产率-低产出-低收入”的恶性循环。这两个循环互相联系、互相作用，最终导致了低收入和持久性贫穷。因此要摆脱贫困，就需要增大储蓄和投资（纳克斯，中译本，1966）。

纳尔逊（Nelson）提出了“低水平均衡陷阱”理论。他以马尔萨斯理论为基础，通过研究人均资本、人口增长以及产出增长与人均收入的关系，认为发展中国家存在着维持生命或接近于维持生命的低收入水平下的均衡状态，即低水平陷阱。任何超过最低水平的人均收入都将被人口增长所抵消，因此需要进行大规模的投资，才能使产出的增长超过人口的增长，进而摆脱低水平陷阱（张清霞，2007）。

缪尔达尔（Myrdal）提出了循环累积因果关系理论。他认为从一般的经济现象来看，社会经济因素是互相关联、互相影响、互为因果的。一个因素发生变化（起始变化）会引起另一个因素发生相应的变化，这种变化过程将强化起始变化，导致经济发展过程会沿原来的因素发展方向发展。对于贫困而言，低收入国家的人均收入水平和人口质量也低，就业困难，人口质量低又会使劳动生产率和产出率低，因而又导致了收入低，而收入低进一步地强化了经济贫困，使发展中国家总是陷入低收入与贫穷的累积性循环困境中。值得一提的是，克鲁格曼的新经济地理学也体现了该理论的观点，经济的繁荣集聚也将产生循环累积因果效应。因此，在本书中，也会研究将经济集聚通过循环累积因果效应来产生福利、惠及贫困，而摆脱贫困在低收入中的循环累积因果困境（缪尔达尔，中译本，1991）。

舒尔茨（Schultz）在其著名的《改造传统农业》一书中指出，传统农业是贫困但有效的。他通过对危地马拉和印度的农业的研究，认为虽然农业基础异常贫困，但是农民对于生产要素的配置是有效的，因为“在他们看来每一个便士都要计较”。他认为要想改造传统农业、让农民摆脱贫困，就必须向农业提供现代生产要素，这不仅包括了物的要素，更需要引进具有现代科学知识、能运用新生产要素的人。因此，他强调了人力资本对于农业增长的重要性，认为人力资本是农业经济增长的主要源泉（Schultz，1964）。

阿玛蒂亚·森作为贫困问题专家，他对贫困研究的贡献主要有以下几个方面。第一，提出了可行能力理论。传统理论认为贫困仅仅是低收入的结果，但森认为贫困是基本能力被剥夺（capability deprivation）和机会的丧失，而不仅仅是收入水平低下，这种能力由一系列功能构成，包括了免于饥饿的能力、免于疾病的能力、接受教育的能力等。世界银行用来评价各国发展水平的人类发展指数就是对这一理论的具体应用。第二，建立了权利分配理论。森通过对孟加拉国和埃塞俄比亚等国大饥荒的考察，提出饥荒并不完全是由于食品短缺而造成的，更可能是由于权利分配不均而造成的。这些权利包括：以贸易为基础的权利，以生产为基础的权利，自己劳动的权利，继承和转移的权利。第三，修正了对贫困程度的衡量方法，他认为贫困包括了对贫困的识别和贫困的加总。贫困识别是指通过一定的方法将贫困人口从总体人口中挑选出来，贫困的加总是指对贫困人群整体上的特征进行反映。在对以往的贫困衡量方法进行批判的基础上，由他建立的森指数将贫困发生率和平均贫困距加总到了同一个指标中，这在一定程度上克服了贫困人口内部的差异（阿玛蒂亚森，中译本，2009）。

另外，亲贫困增长、包容性增长等反贫困理论对于本书的研究也有重要的意义。“华盛顿共识”的理念认为经济增长能够产生涓滴效应，自动地惠及贫困阶层，缓解贫困。然而，伴随着20世纪80年代开始各国贫富差距加大的问题越来越严重，1990年的世界发展报告提出了“普遍增长（broad-based growth）”，该报告强调了社会利益均等化。随后，许多国家和国际机构更加聚焦到对贫困阶层的关注，提出了有利于穷人的增长，即亲贫困增长（pro-poor growth）[①]。亲贫困增长的理念强调的是通过促进穷人主动参与到经济增长的过程中，使穷人获得收益，在这个过程中要采取瞄准贫困问题的特定政策和措施，而不是坐视或期望经济增长本身能自动地惠及贫困人口（蔡荣鑫，2009）。基于产业集聚的工业化发展被认为是获得亲贫困可持续发展最重要的一个要素（Altenburg and Meyer-Stamer，1999；Giuliani and Bell.，2005）。进入21世纪后，亚洲开发银行提出了包容性增长（inclusive growth）的理念，它强调的是要让机会平等地增长，特别是要让弱势群体享有平等的机会。DIPP（2011）指出集群的增长目标需要包含包容性增长的五大目标：消除贫困、提高生产力、节能减排、企业融资和创新。

2.2 文献综述

2.2.1 农民收入增长

影响农民收入增长的因素是多方面的。从宏观上来看，经济增长能够带来涓滴效应，惠及贫困农民，促进农民的增收（Aghion and Bolton，1997），不同的经济结构（Lewis，1954；Chenery et al.，1986）对农民的收入也有不同的影响。在农业方面，农业产出的增加是农民农业收入增长的关键，农业产出是农业各要素投入（劳动、资本、土地、技术）的函数（Douglas，1976）。

---

① Pro-poor growth 在国内文献中主要有三种翻译：亲贫困增长、益贫式增长和有利于穷人的增长，本书选取的是亲贫困增长。

农业技术的提高（Huang and Rozelle，1996；Fan and Pardey，1997；Rozelle和黄季焜，2005）包括了新技术、新品种等现代投入（Schultz，1964），它基于资源禀赋的技术选择（Hayami and Ruttan，1985），而农业技术的扩散（Rogers，2003）和农业技术的创新（Schmookler，1966）对农业产出有重要作用；但是农产品的需求价格弹性往往小于1，农业产出的增加并不一定带来农业收入的增长，“谷贱伤农”的现象常常发生，因此，农产品价格（蔡昉和王德文，2005；林毅夫等，1998；林毅夫，2003）以及农产品的国内和国际贸易（Rozelle和黄季焜，2005）都会对农民收入产生直接的影响。另外，如农民专业合作社、农业协会等产生的组织效率也会对农民收入有一定的影响。

然而，农业部门内部的发展很难增加农村贫困人口的就业机会（David and Otsuka，1994；张车伟和王德文，2004），农业收入不再是推动农民收入增长的主导型力量，非农业收入逐步地成为推动农民收入增长的关键性因素（钟甫宁和何军，2007；蔡昉和王德文，2005；Kung，2002），农民的收入问题更多的是与就业问题相联系（蔡昉和王德文，2005）。农村劳动力转移成为农村劳动力取得非农工作的最普遍的方式（de Brauw et al.，2002；钟甫宁和何军，2007），因此需要通过劳动力市场的调节（Johnson，1953；Gardner，2000）来建立全国统一的大市场（林毅夫，2003；蔡昉和王德文，2005；钟甫宁和何军，2007）。20世纪80年代，中国乡镇企业的发展对农民收入的增长起到了重要作用（林毅夫等，1998；张车伟和王德文，2004），在浙江省等沿海地区，以农村产业集群的农村工业化萌芽和发展带来了农民的收入增长（Ruan and Zhang，2009）。

另外，家庭联产承包责任制（朱农，2005；林毅夫等，1998；McMillan et al.，1988；Lin，1992）、土地产权制度（周其仁，2009）等农村体制的变革对农民收入也有直接的影响。中国的金融发展（温涛等，2005）、教育（Schultz，1964）、健康人力资本（刘国恩等，2004）等对农民收入也将造成一定的影响。

2.2.2 经济集聚与收入增长

可见，农民收入的影响越来越受到非农经济的影响，非农劳动收入的差异主要来自于劳动生产率的差异。新经济地理学理论建立在规模报酬递增和垄断竞争市场的假设前提下，它将经济的集聚视为促进经济增长的关键（krugman，1991；Fujita and Thisse，2002），并强调了地理区位所产生的“地理第二天性"① 的（second nature advantages）作用。经济集聚对于收入区域差异的影响的实证文章较多，Sveikauskas（1975）研究了美国的城市人口规模对劳动生产率的影响，Henderson（1986）发现了企业的劳动生产率与企业所处的行业就业规模正相关，Carlino 和 Voith（1992）研究了城市化对全要素生产率的影响。这些文章大多是在宏观层面上强调了行业规模或城市规模对劳动生产率的影响，Ciccone 和 Hall（1996）的一篇关于经济集聚与劳动生产率差异的经典文章首次提出了劳动生产率与经济集聚关系的理论模型，他们强调了经济密度比经济规模更能够直接和精确地衡量出经济发展对劳动生产率的影响。在此基础上他们通过计量经济学模型并基于美国各县的数据进行实证检验，其计量结果显示出就业密度会增加一倍，劳动生产率将提高约6%，并且美国各州人均产出差异的一半以上都可以用经济密度来进行解释。Ciccone（2002）继续对法国、德国、意大利、西班牙、英国五国进行的实证分析得出就业密度对劳动生产率的弹性系数为4.5%，略低于美国的弹性系数。类似的还有 Henderson 等（2001）对韩国样本的研究，他发现如果企业在拥有 10000 家企业的城市中，那么将比该企业在拥有 1000 家企业的城市中的人均产出高出15%。Dekle 和 Eaton（1999）对日本样本的研究得出了该国金融业和制造业的劳动生产率对经济密度的弹性低于美国，约为1.2%。也有部分学者对中国的样本进行了研究，范剑勇（2006）利用 2004 年中国地级市的数据，发现了大陆地区非农产业的劳动生产率对非农就业密度的弹性系数高于欧美5%左右的平均水平。陈良文等（2008）根据北京市 2004 年经济普查的数据进行分析后发现，该市的劳动生产率对经济密度和就业密度的弹性系数分别为11.8%和16.2%，高于欧美的平均水平。周其仁（2012）认为人们之所以喜欢向城市集聚，是因为经济密度高于人口密度，人们能够通过进入经济密度高的区域来获得更高的收入。只要经济密度高于人口密度，那么除非有越不过去的屏障，否则就一定还会吸引更多的人口进行集聚。人口集聚与经济集聚的相互作用、相互促进形成了城市化的动态进程。巴曙松和杨现领（2013）也认为经济密度是影响一个城市的经济能否可持续性增长的重要因素。

从微观的作用机制上来看，Martin 和 Ottaviano（1999）认为工业企业的集

① 地理第一天性（又叫作先天比较优势，frist nature advantages）指不同区位外生给定的特征，包括天气、地质和资源禀赋；地理第二天性（又叫作后天优势）是人类为了增进第一天性所采取的行动的结果，包括外部性、规模经济、市场需求等（张华和梁进社，2007）。

聚对地区经济增长存在着增长效应、财富效应和费用效应三种作用渠道。Duranton 和 Puga（2004）认为经济集聚对劳动生产率通过分享、匹配和学习这三种机制产生了作用。分享包括了对不可分设施或服务的分享、对中间投入品的分享、专业化分工细化收益的分享和收益分享等；匹配强调了对匹配质量和匹配概率的提高，以及减少套牢问题；学习包括了知识的产生、扩散和累积机制。Rosenthal 和 Strange（2004）认为除了上述三种作用机制以外，自然优势、本地市场效应、消费机会和寻租行为同样会促进经济集聚的产生，进而产生对劳动生产率的影响。赵婷（2012）认为现有的文献对于产业集聚对劳动生产率作用的定量分析远多于对这种作用机制的分析，她梳理了产业集聚对劳动生产率增进的六大微观机制：物质资本深化、人力资本形成与积累、技术进步、市场效率改善、外部规模经济以及动态外部性。

实际上，大多数的空间数据都具有或强或弱的空间相关性，并且距离越近其关系越紧密。经济集聚的空间扩散性和随距离衰减的特征与空间计量分析中的空间溢出效应一致（Autant-Bernard and LeSage，2011），将这种特征纳入空间计量模型进行识别和估计成为有效地捕捉空间外部性的理想方法（田相辉和张秀生，2013）。萨缪尔森将距离衰减的特征融入了理论模型中，并构建了经典的冰山模型。该模型认为 1 单位的产品从区域 i 运输到区域 j，只剩余了 $1/d_{ij}$，其中 d_{ij}是两地的距离，所损失的部分是运输费用。可见，不管是在理论、理论模型还是在计量模型中，它们都指向了对空间溢出效应的研究。因此，在研究经济集聚时，需要考虑经济集聚的空间溢出效应，即需要考虑其他区域的经济集聚对于当地收入的影响。虽然以往的研究往往仅将外部性局限于当地（Fujita and Thisse，2002），但是现在有不少的研究开始关注于其他区域的空间溢出效应。以往的研究主要是通过建立与距离相关的变量［如市场潜能、市场准入（market access）、供应商准入（supplier access）等］来衡量其他区域对当地经济的影响。市场潜能与市场准入有类似的含义，它们都是其他地区市场能力（通常采用经济总量）的距离或运输费用倒数的加权和，市场准入则往往采用了其他地区供给能力的运输费用倒数的加权和。Hanson（2005）基于美国 3075 个县的数据，验证了市场潜能对于工资收入有着正向显著的影响，且其弹性系数约为 0.28%。Mion 和 Naticchioni（2005）首次将经济密度和市场潜能引入到了一个统一的分析框架下，通过对意大利数据的实证研究，发现经济密度和市场潜能对工资水平均有正向显著的影响。Head 和 Mayer（2006）基于欧洲的截面和时间序列数据，验证了市场准入对名义工资收入的影响。Mary 和 Lisa（2007）采用中间投入品区分了市场准入和供应商准入对名义工资的影响，发现两者对名义工资都有着正向显著的影响。市场潜能、市场准入等变量可能存在内生性，Redding 和 Sturm（2008）的一篇经典的自然实验文章很好地对这种内生性进行了处理。他们基于德国在第二次世界大战后东德和西德的分离和 1990 年的恢复统一，验证了由于“柏林墙”引起的市场分割而使边界城市的市场准入降低进而导致边界城市的经济发展出现停滞的问题；在东德和西德统一之后，边界城市的经济得到了迅速的恢复和发展。

真正采用空间计量经济学模型来衡量空间溢出效应是从模型中引入空间权重矩阵开始的，通过空间权重矩阵可以反映出区域之间的相互作用（Harris 等，2011）。对空间权重矩阵的设定主要有两种形式，一种是基于邻接概念来设定 0-1 空间权重矩阵以进行空间计量分析。已有的采用了空间计量经济学研究方法的实证文章较多，在此主要列举对中国样本的研究。Ying（2003）对中国的省级样本数据进行了空间滞后模型分析，发现 GDP 的增长在中国各省之间存在着空间相关性。吴玉鸣（2007）首次使用中国内地 2030 个县域的数据进行了县域增长集聚与差异的实证研究；但是，这种衡量方法是假定只有相邻或一定距离范围内的区域对当地经济能够产生空间溢出效应，并且空间溢出效应仅取决于区域变量自身的大小而不受距离的影响，这与现实情况有一定的偏差。另一种是基于距离来设定空间权重矩阵。潘文卿（2012）通过空间误差模型研究了市场潜能对经济发展的空间溢出效应。Tian 等（2010）采用中国 1991 ~2007 年 313 个地级市的面板数据，并通过空间 Durbin 模型得出了中国各区域的经济增长存在正向显著的溢出效应的结论。Ke 和 Feser（2010）对中国各县的研究表明邻近市县的产业集聚是促进集聚经济在空间上连续成片的重要机制。Bai 等（2012）研究了 1998 ~2008 年中国省级区域经济增长的空间溢出效应，通过空间误差模型估计发现市场潜能每增长 10%，人均 GDP 就增长 3% ~5%。值得一提的是，Harris 等（2011）对不同的空间权重矩阵形式进行了回顾和讨论，并且通过空间滞后模型研究了英国企业级研发的支出情况，发现采用不同的空间权重矩阵会带来不同的空间溢出估计值。

2.2.3 外部性与收入增长

外部性是经济集聚的主要特征。在 Ciccone 和 Hall（1996）的文章中建立了两个理论模型以强调经济集聚所产生的规模报酬递增：一个基于当地地理的外部性；另一个基于当地企业中间投入品的多样性。这篇文章虽然强调了经济集聚的外部性对劳动生产率的影响，但是仅仅是将外部性视作一个黑箱，笼统地研究了这个影响。后续的学者开始逐步地打开外部性的黑箱，将外部性分为了货币外部性和技术外部性。货币外部性又分为货币外部性Ⅰ和货币外部性Ⅱ；技术外部性又分为 MAR 外部性和雅各布斯外部性。在此基础上，研究往往会聚焦于当地的不同外部性对劳动生产率的作用。

Henderson（1986）通过对美国和巴西城市区域中各产业的横截面数据的研究，发现了 MAR 外部性对劳动生产率产生了显著的影响，其弹性系数约为 1%，而雅各布斯外部性并没有影响。Henderson 等（1995）进一步地细化了产业，发现传统产业中只存在 MAR 外部性，而高新技术产业中同时存在 MAR 外部性和雅各布斯外部性。De Lucio 等（2002）通过对西班牙 1978～1992 年 26 个产业的面板数据的研究发现，MAR 外部性对劳动生产率的影响是呈 U 型的，即当专业化程度较低时，MAR 外部性不利于劳动生产率的增长，而当专业化程度进一步地提高时，则会促进劳动生产率的增长；雅各布斯外部性对劳动生产率的影响并不显著。皮特（2003）基于对美国样本的研究，也强调了 MAR 外部性所带来的专业化能够促进经济增长。上述研究都肯定了 MAR 外部性对劳动生产率有着正向显著的影响。

以 Glaeser 为代表的学者则捍卫了雅各布斯外部性对于劳动生产率的作用。在 Glaeser 等（1992）一篇经典的文章中，通过对 1956～1987 年美国 170 个城市的 6 个最大产业的面板数据的研究，发现了雅各布斯外部性和波特外部性都会促进产业就业的增长，但是 MAR 外部性却不显著，这验证了知识外溢是发生在行业之间而不是行业之内的结论。Ellison 和 Glaeser（1997）通过进一步对美国制造业的研究，也得出了支持雅各布斯外部性的结论。Giulio 和 Riccardo（1999）根据 Glaeser 等（1992）提出的模型，检验了意大利 1961～1991 年的外部性对产业就业增长率的作用，发现雅各布斯外部性会显著地促进当地产业的发展，而 MAR 外部性具有不稳定性，在某段时间内显著，在另一段时间内则不显著。Batisse（2002）通过使用中国 1988～1994 年 29 个省 30 个产业的面板数据研究了外部性对于地区产业经济增长的影响，发现一个产业的雅各布斯外部性和竞争有利于该产业的后续增长，而一个产业的 MAR 外部性则对于该产业经济增长的影响是负向的。

上述研究都将 MAR 外部性和雅各布斯外部性视为对立的；但是也有研究认为两者同等重要，并认为这两种外部性并非是相互排斥的报酬递增机制，企业可以同时受益于这两种外部性（张海峰和姚先国，2010）。傅十和和洪俊杰（2008）也认为 MAR 外部性和雅各布斯外部性并不一定是完全对立的，大城市中可能拥有多个专业化程度很高的产业，但是这并不影响城市的高度多样化，实际上马歇尔自己也没有否定雅各布斯外部性的价值（Rosenthal and Strange，2004）。Forni 和 Paba（2002）通过对意大利三位数行业数据的研究，发现对于大部分制造业部门来说专业化和多样性都会促进产业的增长。Jens 和 Uwe（2005）通过采用加权回归模型对德国 1993～2001 年的面板数据的研究，发现在服务业中，雅各布斯外部性和 MAR 外部性都对就业增长有着正向显著的作用。Fu（2007）利用 1990 年马萨诸塞州人口普查的微观数据发现工人可以通过 MAR 外部性、雅各布斯外部性的渠道来学习并获得技能，进而提高工资收入。总体而言，MAR 外部性和雅各布斯外部性均对工人工资有着正向的影响：在高科技行业，MAR 外部性对工人工资有较强的正向影响；在制造业，这两种外部性对工人工资都有着正向的影响。另外，不同外部性的作用距离是不同的，雅各布斯外部性可以在较大的区域范围内（超过 3 英里，1 英里≈1.6 千米）产生作用，而 MAR 外部性仅仅只能在很小的区域范围产生作用（1.5 英里），这种建立在地方化集聚的知识外溢特点基础之上的区域被称为“智能咖啡厅城市”（smart cafe cities）。

关于 MAR 外部性和雅各布斯外部性的争辩从未停息；但是正如 Andrea 和 Catherine（2009）所言，这两种外部性的作用还是“it depends”（视情况而定）的，只是由于研究者衡量的标准、选取的空间尺度和产业的自然属性（Fujita and Thisse，2002，P. 268）不同，结果不同罢了。Rosenthal 和 Strange（2004）认为外部性的作用效果取决于地理范围、产业范围和时间范围；Henderson（1997）认为在中等城市中，MAR 外部性起到了主要作用，而在大型城市中，雅各布斯外部性的作用更强（Fujita and Tabuchi，1997；傅十和和洪俊杰，2008）。研究者们对其他外部性的研究也很多，以 Krugman（1991）为代表的研究者强调了货币外部性的重要性，并且将技术外部性视为黑箱，他们认为货币外部性由于有清晰的福利效应，因而能够被具体模型化。基于此，诸多研究都采用了市场潜能来作为衡量货币外部性的一个重要指标，并且进行了实证分析，如 Redding 和 Venables（2004）对 101 个国家的研究，Hanson（2005）对美国各县的研究。Davis 和 Weinstein（1999）通过对日本 40 个区域的样本研究发现，只有在忽略中间投入品变量时，MAR 外部性和货币外部性才能对劳动生产率产生显著的影响。Mion 和 Naticchioni（2005）通过对意大利样本的研究（同时考虑了货币外部性和技术外部性），发现货币外部性和技术外部性对地区间劳动工资的差异都产生了显著的影响。

近几年来，也有不少的国内学者关注了外部性对于劳动生产率的影响。从理论研究上来看，库姆斯等（中译本，2011，P. 1）认为新经济学理论更适合于研究像中国这样经济快速增长且规模巨大的经济体；朱希伟（2012）特别强调了中国的现实情况与新经济地理学经典模型之间的一个重要差异在于，理论模型中认为可自由流动的要素却在中国因户籍制度、地方保护主义等而尚存在着严重的流动障碍，这种人为造成的障碍也将成为影响劳动生产率差异的主要因素。也有学者认为具有中国特色的社会资本、本地网络关系等要素，使得社会网络与经济网络能够耦合成一个有机整体（朱华晟，2002，P. 75），强化了经济集聚所带来的企业创新和劳动生产率提高（朱秀梅，2008），摆脱了产业集群中企业的运营资本困境（阮建青等，2007）。张晓波和阮建青（2011，P. 2）认为具有中国特色的产业集群还体现在以下两个方面。第一，强社会资本。中国是一个人多地少的国家，人口居住集中，人情关系和由此产生的强社会资本是维系中国社会稳定发展的重要基础；第二，企业在集群内频繁地重复交易。位于产业集群内的企业在空间上的集聚使得企业间的重复交易变得特别频繁，这种强社会资本和企业频繁重复交易的特性使得位于产业集群内的企业和工人能够在不用任何正规合约的情况下协调生产，这有效地降低了分工所带来的交易费用。

在实证研究方面，刘修岩和殷醒民（2009）采用就业密度来衡量技术外部性、用市场潜能来衡量货币外部性，以研究外部性对于工资的影响。他们发现市场潜能对工资有着正向显著的影响，而就业密度对于工资的影响是非线性的，只有就业密度高于某个“门槛”值时才会有正向显著的影响。范剑勇和石灵云（2009）利用省级层面制造业行业的横截面数据，研究了产业外部性对劳动生产率的影响。他们将产业外部性分为产业内集聚和关联产业集聚并分别将它们与地方化经济、城市化经济相对应，同时采用四位数行业的企业平均规模和企业数量来衡量产业内集聚，采用二位数行业下其他四位数行业的企业数量来衡量关联产业集聚，发现在目前阶段中国制造业的产业外部性均表现为产业内集聚与关联产业集聚，而且产业内集聚效应高于关联产业集聚效应。张海峰和姚先国（2010）聚焦于浙江省的经济集聚，将各经济密度指标分解为跨行业密度（除本行业外的密度）和同行业密度（除本企业外的同行业密度），并采用分位数回归分别估计出了两类集聚外部性——雅格布斯外部性和MAR外部性。该估计结果表明：企业的劳动生产率显著受益于雅各布斯外部性，而MAR外部性对企业的劳动生产率并没有明显的促进作用。对于外部性对集聚经济影响的研究较多。傅十和和洪俊杰（2008）分别用专业化指数和多样化指数衡量了MAR外部性和雅各布斯外部性，检验了不同规模的制造业企业在不同规模的城市中受益于何种不同类型的集聚经济。具体而言，在控制了人力资本的外部性和城市人口规模效应后，小型企业在中等城市和大城市中能够显著得益于马歇尔外部性，在超大和特大城市中能够显著得益于雅各布斯外部性；中型企业在大城市、特大城市和超大城市中能够显著得益于马歇尔外部性，但只在特大城市中能够显著得益于雅各布斯外部性；大型企业即使在特大城市和超大城市中也很少能够得益于雅各布斯外部性。李金滟与宋德勇（2008）也从多样化和专业化角度解释了城市集聚经济的不同来源，与傅十和与洪俊杰（2008）不同的是，其研究是基于284个城市的数据并从区域的角度来研究集聚经济的现象。韩峰与柯善咨（2012）同样基于284个城市的数据，将MAR外部性和雅各布斯外部性分别对应于外部性的要素供给和市场需求的外部性指标，探讨了制造业的空间集聚机制，并采用系统GMM估计方法发现了供给的外部性作用范围为100公里，而需求外部性的作用范围可遍及全国。杨仁发（2013）以中国269个地级及以上城市为样本，运用系统GMM估计方法研究了制造业和服务业集聚所产生的马歇尔、雅各布斯和波特外部性效应对工资水平的影响。

2.2.4 产业集群与贫困减少

按照Nadvi和Barrientos（2004）的分析框架，产业集群对于减贫的作用包括了直接效应和间接效应两个方面。

1. 直接效应：参与集群

1）获得机会

世界银行（2000）提出了减少贫困的核心是通过刺激经济增长来促进就业机会的增加，使市场能够更好地惠及穷人，让穷人有谋生的工作机会。中小企业成为发展中国家一个主要的促进增长和就业的渠道（Humphrey and Schmitz, 1996），因为发展中国家的产业集群大多都是由中小企业组成（Schmitz and Nadvi, 1999），所以产业集群对就业机会的提供发挥了重要作用。

McCormick（1999）通过对六个非洲产业集群案例的分析，发现尽管产业集群提供的是低工资报酬的工作机会，但是这种工作机会仍然促进了家庭维持生存、摆脱贫困。Knorringa（1999）通过对印度鞋业集群的案例研究也发现，在工业集群内，微小中型企业（micro small medium enterprises，MSMEs）雇用了大量的农村劳动力。Fleisher 等（2010）通过对浙江织里童装产业集群演化历程的研究发现，截至 2005 年，该产业集群已经雇用了 20 多万工人，大约占了该行业在中国 1/3 的雇工数量。Sandee 和 Rietveld（2001）的研究也发现印尼爪哇岛中部地区的产业集群雇用了 675000 名工人，占了该区域所有制造业就业人口的 30%。Weijland（1999）指出产业集群在早期发展中，对于农村地区的居民发挥了维持生存的重要作用。他通过对印度尼西亚农村社区产业集群的研究发现，社区产业集群往往是坐落在较偏远但人口相对集中的区域，这些集群主要是雇佣家庭妇女和老人，其生产的产品包括了竹编制品、食品、家具产品等，这些集群大大地增加了农村边际劳动力的就业机会。Schmitz（1995；1999）发现集群内的企业比分散的企业拥有更好的发展机会。

对集群发展历史的研究发现，工业集群内劳动力雇佣数量的增长速度非常快。Bair 和 Gereffi（2001）通过对墨西哥牛仔裤产业集群的研究发现，集群的雇佣工人数量从 1993 年的 12000 人上升到了 2000 年的 75000 人。Sonobe 等（2012）通过对中国温州产业集群的统计也发现，温州集群内企业的平均雇佣人数从 1990 年的 47 人增长到了 2000 年的 339 人。Cawthorne（1995）通过对印度南部针织产业集群的研究也得出了就业人数大幅增长的结论。

2）增加收入

许多研究发现，产业集群能够提高工人的工资水平。Lall 等（2004）通过采用印度制造业企业层面的数据，发现集群内部的企业有更高的劳动生产率。Sonobe 等（2012）也强调了产业集群对于提高劳动生产率的重要作用。Gibbs

和 Bernat（1997）发现在产业集群内的工人工资水平要比非产业集群的高出13%左右，其原因是产业集群促进了信息流通，促使工人技术水平的累积能力提高，从而提高了劳动生产率。Visser（1999）对秘鲁服装产业集群的研究也发现了集群内企业的工资水平要高于同样行业在非集群内企业的工资水平。Fowler 和 Kleit（2013）得出了产业集群的数量对减少收入贫困有显著作用的结论。

3）提升能力

阿玛蒂亚·森提出的可行能力的理论认为贫困是对基本能力或权力的剥夺，而不仅仅是低收入（Sen，1999）。区域内的技术、信息外溢以及企业的集聚促进了新知识、新技术、新创意在企业之间的传播和应用，通过集群内的干中学，企业家的技术和管理能力都得到了提高（Sonobe et al.，2006），他们同样也可以获得来自于自己企业、合作企业或像 UNDO 之类的非政府组织的培训。合适的教育和培训机构的帮助可以使得集群能够最大化地发挥其人力资源的潜能，如在印度的蒂鲁巴时尚教育机构 NIFT 和 SIHMA 为当地的产业集群提供了大量经过培训的劳动力（Kumar，2005）。Otsuka 和 Sonobe（2011）通过基于19个产业集群的案例分析，指出一些产业集群拥有外国企业或国际组织主办的培训项目，如孟加拉国出口导向型的服装产业集群与韩国顶尖的出口服装公司 Daewoo 签订了技术合作合同。另外，产业集群同样可以让贫困人口特别是妇女拥有更多的权利，这也是能力提升的一种表现。Batra 和 Aneja（2012）探讨了 UNIDO 对于 Chanderi 的纺织集群在提高妇女的纺织能力、让妇女拥有更多的自尊、让妇女更多地参与到产业集群中等方面的作用。Mano 等（2012）的研究也发现了对非洲的产业集群培训项目促进了非洲产业集群的发展。

2. 间接效应：外部性

1）产生集聚效应和联合行动

集聚经济能够降低成本，让小企业进入市场，从而提高工人和生产商获得就业机会、增加收入的能力。集群的联合行动可以进一步地加强本地企业的能力，并减少抵抗外部冲击的脆弱性（Nadvi and Barrientos，2004）。在实证研究方面，Visser（1999）发现，通过集群获得的外部效应对于加马拉服装集群很重要。他们能够降低获得投入的交易成本，这主要是通过专业的分工产生规模经济或知识溢出效应来实现。McCormick（1999）研究了内罗毕各分散的穷人、非正式的服装生产商和金属制造企业如何逐步地形成产业集群、进行联合行动以及开发新产品。他认为产业集群的联合行动可以分为双边和多边的联合行动以及产业链纵向或横向的联合行动。Weijland（1999）指出国家对印度尼西亚农村集群联合行动的支持获得了一定的成效，在较为成熟的集群中企业协会和当地的集体机构将联合起作用，在这种相对先进的集群中，联合行动产生了创新和进行了对新产品的开发（Rabellotti，1999；Schmitz，1999），并且促进了当地的生产商通过联合行动来抵御外部挑战（Kennedy，1999；Nadvi，1999）。Schmitz（1999）通过对巴西一个出口导向型皮鞋产业集群的研究发现，在国际激烈竞争的背景下，集群内的企业会加大联合行动的力度。

2）*促进当地经济的发展*

促进产业集群的发展被广泛地理解为地区经济发展的一个有价值的目标（Fowler and Kleit，2012），区域性的产业集群被看作是经济增长的关键性驱动因素和竞争力（Porter，1990）。地区经济的发展通过涓滴效应来惠及穷人，此外，产业集群有助于地区经济最大限度地利用当地资源——人力资源、森林和自然资源等。产业集群通过提供高质量的产品和服务以及改善基础设施来吸引供应商，客户及公众投资者对于基础设施的投资有利于所有区域的商业发展（Das and Das，2011）。Benjamin（2000）描述了班加罗尔当地和合作经济体之间的区别以及他们与政府的关系，他指出仅有集中在两个区域产业集群的当地经济体共享了功能的链接，对当地人民发挥了重要作用。

Nadvi 和 Barrientos（2004）认为产业集群可以作为一个亲贫困的机构，但是这个过程不是自动产生的，需要借助于政府这只看得见的手的作用。他们进一步地强调了亲贫困的政策需要从两个方面入手：第一，让亲贫困的机构更加有效，如对贫困的瞄准、培训和小额信贷的提供；第二，关注那些集群发展项目中容易被忽视的特殊地域，包括了劳动、民族、工作条件、健康和安全问题。

2.3　本书贡献

上述研究从不同的维度研究了经济集聚对收入增长的作用，在理论和实证研究方面都取得了诸多成果；但是也存在着一些可能需要改进的地方。本书在上述基础上，可能有以下贡献。

第一，以往对与经济集聚相关的理论和实证研究对象大多集中在美国和日本等发达国家而对以中国为代表的发展中国家的研究较少，并且对中国的研究往往空间尺度较大。本书的研究可能在样本选择和空间尺度上都有一定的贡献。正如 Long 和 Zhang（2011）所指出的，中国过去的 30 年达到了欧洲过去 200 年才能达到的工业化发展程度，当西欧和北美的工业化发展经验只能从浩瀚的历史资料中搜寻时，中国正在经历的工业化进程却能够被真实地目睹，这种现身说法的经验对于其他的发展中国家而言，具有重要的借鉴意义（张晓波和阮建青，2011，P. 38）。科斯也认为在中国的经济框架内来研究生产结构，很有可能对当前的经济理论做出重要的突破性贡献（Coase and Wang，2011）。

第二，以往对产业集群的研究大多是对具体集群案例的剖析，而对某个区域产业集群的整体性研究较少。本书的研究中采用的数据大多是某个时点的横截面数据，并且将结合宏观县级层面和微观农户层面的面板数据来分别研究产业集群，这可能对产业集群的研究有一定的贡献。

第三，以往的研究大多是针对收入增长或劳动生产率增长，而重点聚焦到经济集聚对农民收入增长影响的研究较少，对产业集群对农民收入增长或贫困减少影响的研究就更少。本书对农民收入增加、农村反贫困的实证研究，可能对这一领域有一定的贡献。

第四，以往的研究往往只有一个层面的研究，而本书的研究将跨越县级区域、乡镇区域、企业层面和农户层面，并且书中的数据大多采用了面板数据，这可能比以往的研究中对于多层面的实证研究有着更多的贡献。

3 浙江省经济集聚与农民收入：演化与分布

正如导论所言，经济集聚支配着世界经济地图，经济的繁荣也以空间集聚的现象支配着世界经济地图，世界50%的生产活动集中在1.5%的陆地区域（世界银行，2009b，P.96），GDP前20位的国家集中了全世界81.3%的GDP①。如果将世界各国的GDP作为柱状图的高度来绘制分布图，那么我们将看到世界经济的图景是参差不齐的，有的如摩天大楼般高耸入天，有的仅仅因略高出地平面而几乎看不出高度。与之对应的是，贫困人口在地理分布上更加分散。如果将世界各国的贫困发生率作为柱状图的高度来绘制分布图，那么我们将看到世界的贫困人口在非洲相对集中，而在其他各大洲相对分散。世界经济存在着南、北经济二分的中心-外围结构（Fujita and Thisse，2002，P.1）。

从中国来看，经济集聚现象在长三角、珠三角和环渤海等区域十分明显，位于这些区域的部分省份已经呈现出了富可敌国的态势，如广东省的GDP已经接近于印度尼西亚，江苏省的GDP已经接近于土耳其，浙江省的GDP已经接近于波兰。如果按照经济密度来衡量中国各省的经济集聚程度并对比中国各省与世界各国的数值，那么上海的经济密度仅次于新加坡且高于经济密度世界排名第2的巴林，浙江省的经济密度已经相当于世界排名第22的奥地利（表3.1）。若聚焦于浙江省，那么经济已经在杭嘉湖、浙江省东南沿海等地形成了集聚；从浙江省的县、乡镇来看，产业集群是经济集聚的主要表现形式；再细化到产业集群，经济又按照产品的各环节或产业链产生了集聚。如果从参与产业链的工人来看，那么有可能会存在按照共同特征进行集聚的现象。本章将介绍浙江省经济集聚、农民收入和贫困减少的演化历程、发展现状和主要特点。

① 根据世界银行公开数据库中2012年的数据计算。

表 3.1 2011 年与中国各省份经济密度数值一致的国家①

省份	经济密度	国家	经济密度	国家排名
		新加坡	205820.03	1
上海	30469.35	巴林	19600.20	2
天津	10006.44	日本	10027.69	7
北京	9673.77	韩国	8672.88	8
江苏	4786.58	意大利	4822.75	17
浙江	3168.51	奥地利	3272.78	22
广东	2956.13	毛里求斯	3266.93	23
山东	2920.92	特立尼达和多巴哥	2986.64	24
河南	1612.64	格林纳达	1638.24	35
辽宁	1523.42	捷克	1571.64	37
福建	1447.67	文莱	1430.70	39
重庆	1216.45	圣文森特和格林纳丁斯	1246.28	43
河北	1192.40	美国	1154.89	44
安徽	1095.25	波兰	1049.70	45
湖北	1056.07	匈牙利	978.51	46
湖南	928.69	多米尼加	842.30	48
海南	741.96	瑞典	752.81	50
山西	718.97	萨尔瓦多	730.67	51
江西	700.77	图瓦卢	705.92	52
陕西	666.61	克罗地亚	664.39	54
吉林	563.97	芬兰	508.16	58
广西	496.65	多米尼加	500.83	60
四川	436.78	古巴	424.88	65
贵州	323.97	帕劳	326.24	77
宁夏	316.60	阿尔巴尼亚	315.08	80
黑龙江	276.65	爱沙尼亚	276.03	84
云南	232.01	保加利亚	248.11	90
内蒙古	121.39	萨摩亚	124.54	125
甘肃	110.48	巴西	108.51	130
新疆	39.82	贝宁	38.70	160
青海	23.13	马拉维	23.76	175
西藏	4.93	马里	4.74	204

① 作者依据《中国统计年鉴》和世界银行公开数据库中的数据计算，经济密度的单位是万元/千米^2，世界银行公开数据库中的 GDP 数据采用的是 2005 年不变价核算，并按照 2005 年人民币-美元平均汇率的 8.2 折来换算成人民币。

3.1 浙江省经济总体发展概况

浙江省位于中国东南沿海，是中国面积最小的省份之一。浙江省的地形复杂，有“七山一水两分田”之称；其中山地和丘陵占 70.4%，平原和盆地占 23.2%，河流和湖泊占 6.4%，耕地面积仅 159.74 万公顷①，人均耕地面积不足全国平均水平的 1/4②。

在并不丰富的资源禀赋条件下，最近的 20 多年，浙江省的经济总量快速地增长。1990 年全省的 GDP 是 904.69 亿元，1991 年突破了千亿大关，2004 年突破了万亿大关，2011 年达到了 32318.85 亿元，位列全国各省第四，占全国 GDP 总量的 6.8%③。人均 GDP 呈现出了与全省 GDP 总量类似的演化特点，1990 年的人均 GDP 是 0.21 万元，2011 年这一数值达到了 6.76 万元（图 3.1）。

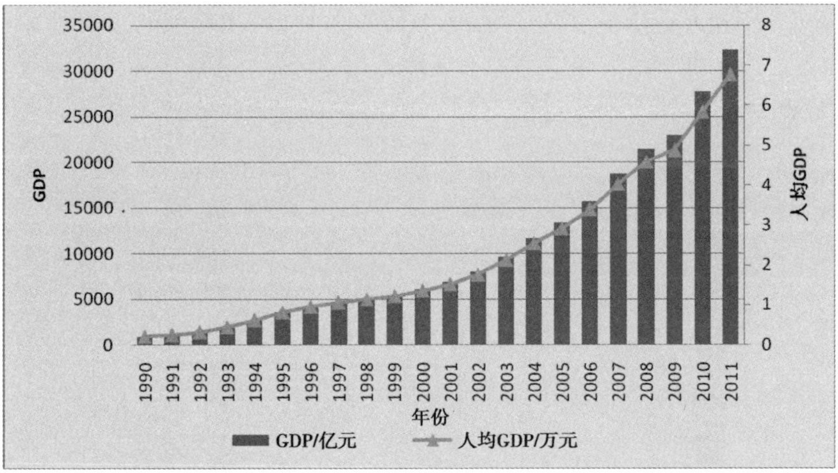

图 3.1　1990～2011 年浙江省经济发展与农民收入增长

注：作者根据《浙江统计年鉴（2012）》数据绘制

伴随着浙江省经济总量的快速发展，城乡居民的收入水平也迅速地提高，如表 3.2 中城镇居民的人均可支配收入从 1990 年的 1932 元上升到了 2011 年的 30971 元，位列全国各省级区域第三，仅低于上海和北京，是全国平均水平的 1.4 倍。农民人均纯收入也迅速地提高，从 1990 年的 1099 元增长到了 2011

① 耕地面积数据来源于《浙江统计年鉴（2008）》，2009～2012 年统计年鉴中尚没有耕地面积数据。

② 按照《中国统计年鉴（2013）》中的数据计算，该数据是农村住户抽样调查数据。

③ 作者依据《中国统计年鉴（2012）》中的数据计算。

年的13071元，也位列全国各省级区域第三，是全国平均水平的1.9倍①。从县一级来看，在2006年中国县（市）社会经济综合发展指数前100名的县（市）名单中，浙江省占据了22个；在2012年全国县域经济百强县（市）名单中，浙江省占据了20个，其中前10位中浙江省就有4个县入围②；2013年全球著名的财经媒体《福布斯》发布了“2013中国最富有县级市”的排名，浙江省独占5席，其中浙江省的义乌市位列榜首。

表3.2 1990~2011年浙江省城乡居民收入、消费情况 （单位：元）

年份	城镇居民人均可支配收入	城镇居民人均消费性支出	农村居民人均纯收入	农村居民人均消费性支出
1990	1932	1604	1099	946
1991	2143	1806	1211	1027
1992	2619	2154	1359	1112
1993	3626	2856	1746	1263
1994	5066	4079	2225	1680
1995	6221	5263	2966	2378
1996	6956	5764	3463	2702
1997	7359	6170	3684	2839
1998	7837	6218	3815	2891
1999	8428	6522	3948	2806
2000	9279	7020	4254	3231
2001	10465	7952	4582	3479
2002	11716	8713	4940	3693
2003	13180	9713	5431	4287
2004	14546	10636	6096	4659
2005	16294	12254	6660	5215
2006	18265	13349	7335	5762
2007	20574	14091	8265	6442
2008	22727	15158	9258	7072
2009	24611	16683	10007	7375
2010	27359	17858	11303	8390
2011	30971	20437	13071	9644

资料来源：《浙江统计年鉴（2012）》。

① 作者依据《中国统计年鉴（2012）》中的数据计算。

② 中国县（市）社会经济综合发展指数前100名县（市）名单是从1991年开始统计的，由国家统计局主持发布，具有一定的权威性。不过由于2007年该评比终止，因此本书只列举了全国县域经济百强县（市）名单，该名单由北京中郡县域经济咨询所主持发布；但是由于其指标选择、入选名单存在着一定的争议，因而本书仅将该名单作为近期浙江省县域经济发展的参考。

3.2 浙江省经济集聚与农民收入的统计分析

3.2.1 浙江省经济集聚与农民收入的核密度估计

上述的统计描述对于经济发展和农民收入的分布特征有一定的呈现效果，本节将聚焦于对浙江省经济集聚与农民收入的统计分析。要想对经济集聚和农民收入的全貌有较好的刻画，应该同时观察到三种重要的分布特性（刘靖等，2009）：第一，位置（position），即分布整体所在位置所反映的集聚或收入水平及其变动情况；第二，延展性（stretch），即反映的集聚或收入区域差异的状况及其变动；第三，形态（modality），即反映的集聚或收入的极化（polarization）状况及其变动。基于此，刘靖等（2009）通过对收入分布的研究，认为传统的统计分析方法对于收入的分布存在着两个问题：第一，需要选取准确的参数模型，如果对参数分布的设定出现了偏差，那么就可能不能很好地拟合数据；第二，参数估计对收入分布的正确拟合严重依赖于对收入分布的单峰假设，对于分布可能存在的双峰或者多峰形态往往存在拟合的偏误。

核密度估计（kernel density estimation）对于传统的概括性统计方法是一个较好的替代，在描述收入不平等以及经济福利的改变方面具有显著的优越性（刘靖等，2009）。通过核密度估计，可以同时观察到分布的位置、延展性和形态这三种重要特征，从而能够得到关于整体性分布状况的一个直观且清晰的描述。在核密度估计图中，横轴代表了变量的各个取值，纵轴代表了相应值的密度。

基于此，为了更好地判断出浙江省经济集聚和农民收入的区域分布特征，本章首先选取了1990年、2000年和2011年这三年浙江省69个县的经济密度和农民收入数据，并进行了核密度估计。经济密度是衡量经济集聚程度的指标，用单位行政面积上的GDP来表示。农民人均纯收入是指农村住户当年从各个来源得到的总收入相应地扣除所发生的费用后的收入总和，由家庭经营收入、工资性收入、财产性收入和转移性收入四部分组成，农民人均纯收入主要用于当年的生活消费支出、储蓄、再生产投入和各种非义务性支出等。

图 3. 2 是历年来浙江省各县核密度估计分布合并图，它主要将经济密度［图 3. 2(a)］和农民三年收入的［图 3. 2(b)］分布图放到了同一个坐标系中，以便于判断出分布的位置。图 3. 3 是历年来浙江省各县核密度估计分布分年图，以便于判断出分布的延展性和形态。为了更好地对比和分析各观测值的统计特征，本章绘制了 1990 ~ 2011 年经济密度和农民收入的散点图（图 3. 4）。

核密度图的整体分布逐渐地向右平移，可见浙江省的经济密度在最近二十年增长迅速（图 3. 2）。从经济密度的延展性来看，密度图逐年地趋于平缓。可见伴随着经济密度的增长，经济密度取值的密度趋于平均，1990 年数值的密度集中于中间位置并逐步地向右边数值高的位置增加，说明经济密度的区域差异在加大（图 3. 3）。从图 3. 4 经济密度的散点图中也可以直观地得出这个结论，经济密度的散点图从 1990 年至 2011 年逐渐地发散，各观测值的取值范围不断地扩大。最后从经济密度的分布形态上来看，1990 年是类似于单峰的分布形态，2000 年峰值趋缓并向右尾延长，2011 年已经呈现出了非严格的单峰形态，可见在经济密度普遍都较小的浙江省，出现了经济密度较大的少数区域（图 3. 3）。

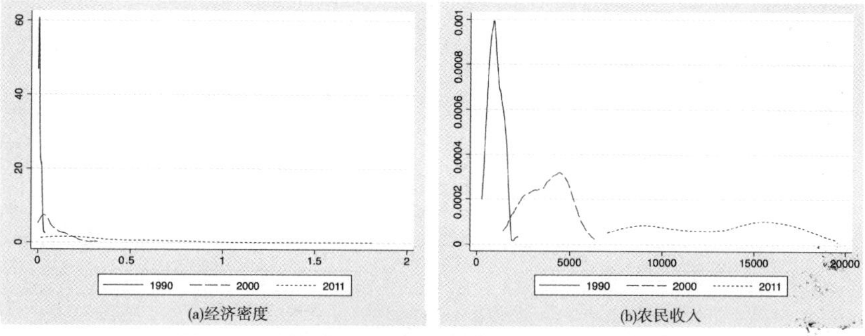

图 3. 2　历年浙江省各县核密度估计分布合并图

注：作者依据历年《浙江统计年鉴》绘制

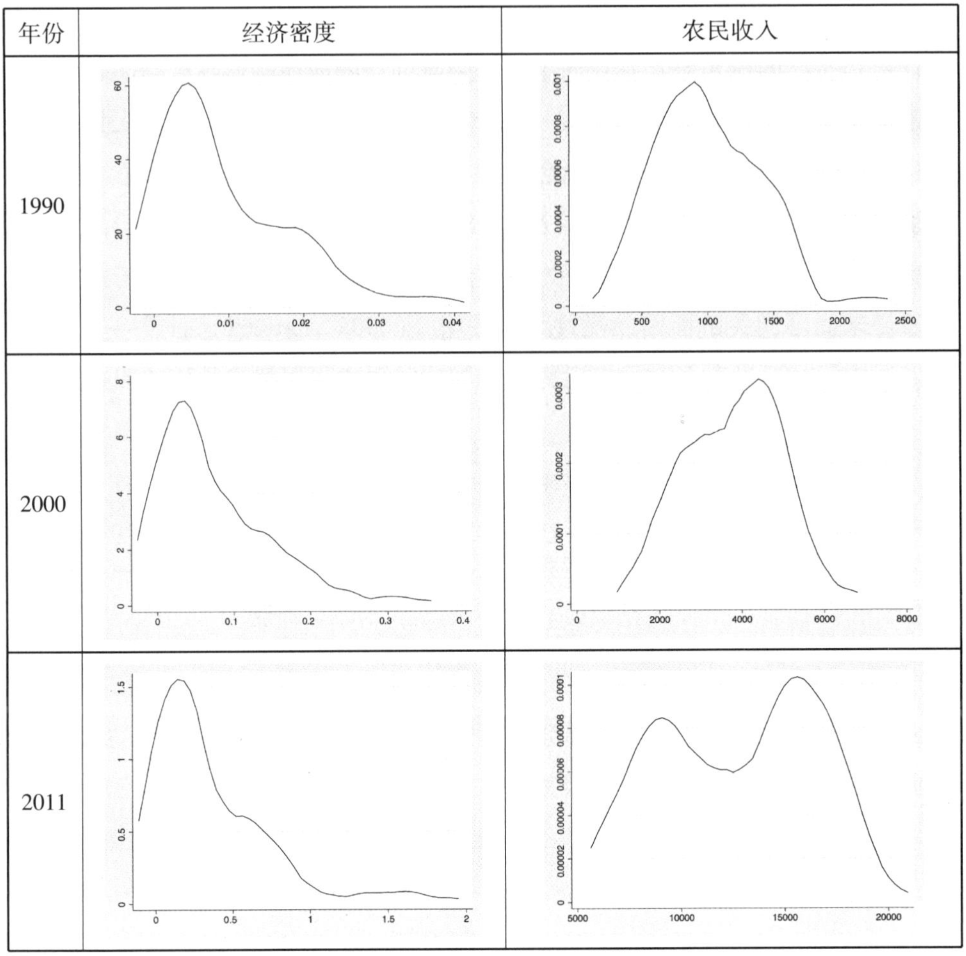

图 3.3　历年浙江省各县核密度估计分布分年图

注：作者依据历年《浙江统计年鉴》绘制

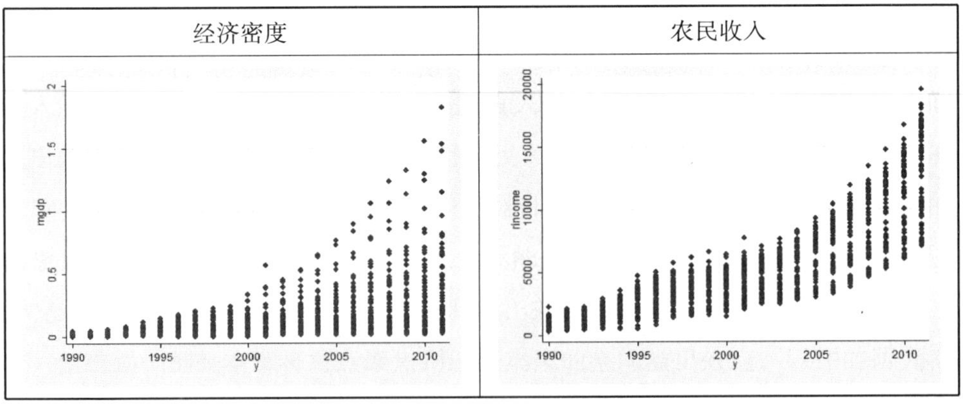

图 3.4　历年浙江省各县经济密度和农民收入散点图

注：作者依据历年《浙江统计年鉴》绘制

从历年来农民收入的核密度估计图中可以看出类似的特征——密度图的整体分布逐渐地向右平移，可见浙江省的农民收入在最近二十年增长迅速（图3.2）。从农民收入的延展性来看，密度图逐年趋于平缓，可见伴随着农民收入的增长，农民收入取值的密度趋于平均，1990年数值的密度集中于中间位置偏左并逐步地向右边数值高的位置增加，说明农民收入的区域差异在加大（图3.3）。从图3.4农民收入的散点图中也可以直观地得出这个结论，农民收入的散点图从1990～2011年逐渐地发散，各观测值的取值范围不断地扩大。最后从经济密度的分布形态上来看，农民收入的密度图形态与经济密度的密度图形态有一定的差异：1990年是类似于单峰的分布形态，波峰位于中间偏左的位置；2000年峰值趋缓，波峰向右移动；2011年已经形成了双峰形态，与诸多研究中的双峰分布、收入的两极分化结论一致（Quah，1997；Beaudry et al.，2002），并且农民收入的分布变化与徐现祥和王海港（2008）、刘靖等（2009）的结论十分类似。徐现祥和王海港（2008）通过对1978～2002年省级居民初次分配中收入数据的核密度估计发现：中国初次分配中的收入分布在不断地向右平移，低收入居民的收入增长缓慢，高收入居民的收入增长迅速，从而收入分布逐渐地呈现出了双峰分布的状态。刘靖等（2009）基于中国营养与健康调查数据库（CHNS）中1991～2006年跨地区的家户统计微观数据，发现中国的收入分布逐年趋于平缓，中等收入组分布密度下降的同时高收入组的分布密度上升，收入分布在多个年份呈现出了双峰或多峰形状。

通过对比经济密度和农民收入的核密度图，也可以初步地判断出两者在区域间有一定的空间自相关性，可能存在克鲁格曼所描述的核心-外围分布情况，经济密度与农民收入在空间上也可能有一定的相互关联。但是由于通过核密度图只能判断出观测值的统计分布结构而对区域空间分布结构无法进行判断，所以上述的判断还需要进一步地通过空间统计来进行分析。

3.2.2 浙江省经济集聚与农民收入的空间统计

空间统计分析往往采用的是探索性空间数据分析（ESDA）。探索性空间数据分析是一系列空间数据分析方法和技术的集合，它以空间关联测度为核心，通过描述和可视化数据的空间分布、识别空间集聚、非典型位置以及空间异值点来探测数据的空间联系模式以及空间异质性的范围和形式（Le Gallo and Ertur，2003），其核心是对全域空间自相关和局域空间自相关进行度量。

本章通过测算全域 Moran's Ⅰ指数来验证农民人均纯收入和经济密度的全域空间相关性。全域 Moran's Ⅰ指数的定义如下：

$$\text{Moran's I} = \frac{\sum_{i=1}^{n}\sum_{j=1}^{n} W_{ij}(Y_i - \bar{Y})(Y_j - \bar{Y})}{S^2 \sum_{i=1}^{n}\sum_{j=1}^{n} W_{ij}} \tag{3.1}$$

$$S^2 = \frac{1}{n}\sum_{i=1}^{n}(Y_i - \bar{Y})$$

$$\bar{Y} = \frac{1}{n}\sum_{i=1}^{n} Y_i$$

式中，Y_i 表示第 i 个地区相关变量（农民人均纯收入、经济密度）的观测值；n 为地区总数；W_{ij}为空间权矩阵 $\boldsymbol{W}$ 中的元素。本章采用交通时间的倒数作为权重，通过计算 1990 ~ 2011 年农民人均纯收入和经济密度的全域 Moran's Ⅰ指数后发现各变量的 Moran's Ⅰ指数都为正，并且都在 0.01 水平上显著（图 3.5）。可见，各变量在各区域之间都具有较大的相关性，相邻区域的类似特征值出现了集聚的趋势，但是不同年份之间有一定的波动。需要注意的是：全域 Moran's Ⅰ指数只是能够判断出空间是否出现了集聚或异常值，并没有体现出不同区域之间内部的相关性。此外，全域 Moran's Ⅰ指数只能从统计上来发现变量自身在不同区域的相关性，不能判断出各变量之间的关系。

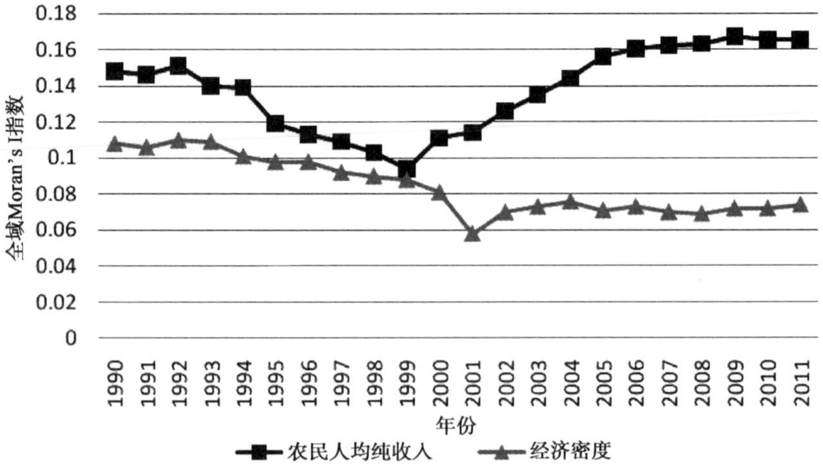

图 3.5　浙江省各县 1990 ~ 2011 年的农民人均纯收入和经济密度的全域 Moran's Ⅰ指数

注：作者依据历年《浙江统计年鉴》计算和绘制

由于全域 Moran's Ⅰ指数只是能够判断出空间是否出现了集聚或异常值，而区域内部的空间关联可能会出现全域指标所不能反映出的“非典型”情况，甚至会出现与全域趋势相反的情况（Anselin and Getis，2010），因此需要进行局部空间相关性分析。局部空间相关性可以通过 Moran 散点图来进行研究。Moran 散点图体现了变量与空间滞后变量①的相互关系，将变量和滞后变量标准化后，绘制成二维散点图，横轴是对应变量的观测值，纵轴是空间滞后变量的取值。Moran 散点图的四个变量分别表示了不同的空间分布类型，以农民收入为例：散点图的第一象限表示高收入区域被高收入区域包围（HH）；第二象限表示低收入区域被高收入区域包围（LH）；第三象限表示低收入区域被低收入区域包围（LL）；第四象限表示高收入区域被低收入区域包围（HL）。第一、第三象限表示了空间的相关性，而第二、第四象限则表示了不存在空间相关性（吴玉鸣，2007）。可见，Moran 散点图表示的是本区域与相邻区域的相关性，所以在对空间权重的设置上与全域 Moran's Ⅰ指数的不同。Moran 散点图采用了 0-1 空间权重矩阵，即采用相邻区域等于 1、不相邻区域等于 0 的标准来对空间权重矩阵 W_{ij} 赋值。

图 3.6 是浙江省 1990 年、2000 年、2011 年各县经济密度和农民收入的 Moran 散点图。可见散点图中的各点主要分布在第一和第三象限而第二和第四象限几乎没有，由此发现浙江省各县之间的经济密度和农民收入都呈现的是高-高或低-低的分布情况，而高-低、低-高的分布情况几乎没有。具体而言，经济密度高的区域往往与类似高经济密度的区域相邻，经济密度低的区域也是与低经济密度的区域相邻，农民收入也有类似的分布特征，这在一定程度上验证了前面所描述的关于核密度分布图、空间分布图的结论。当然，还需要进一步地验证变量之间的相关性和判断出这种空间溢出效应究竟有多大，于是就需要通过空间计量经济学来进行分析，本书在后续章节将做详细的分析。

① 即变量乘以空间权重矩阵所形成的新变量，体现的是该变量其他区域观测值的加权和。

<table>
<tr><th>年份</th><th>经济密度</th><th>农民收入</th></tr>
<tr><td>1990</td><td>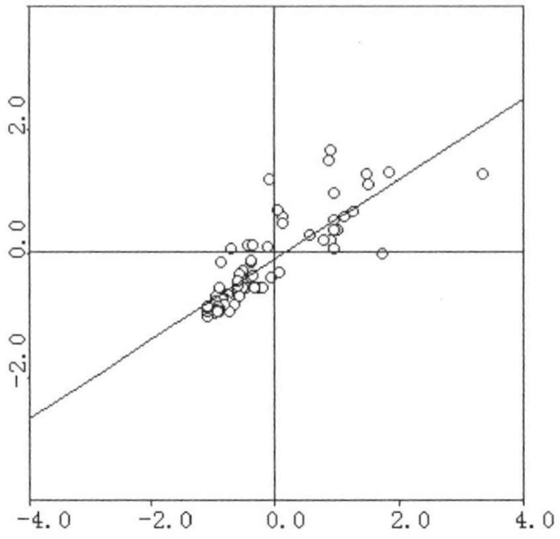
</td><td>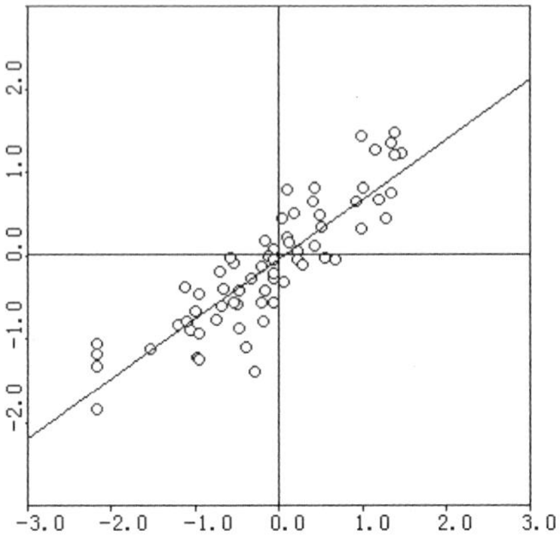
</td></tr>
<tr><td>2000</td><td>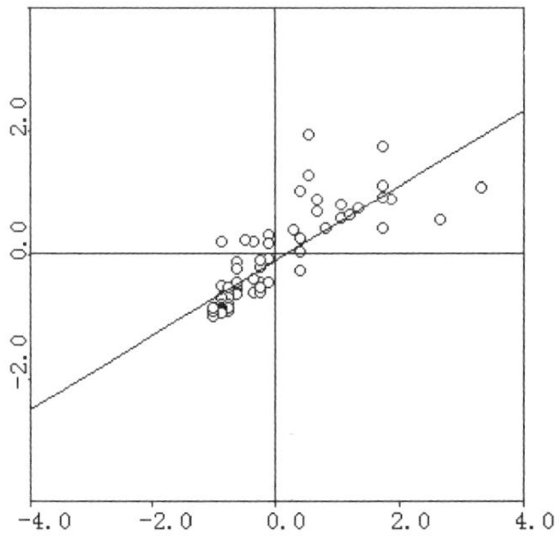
</td><td>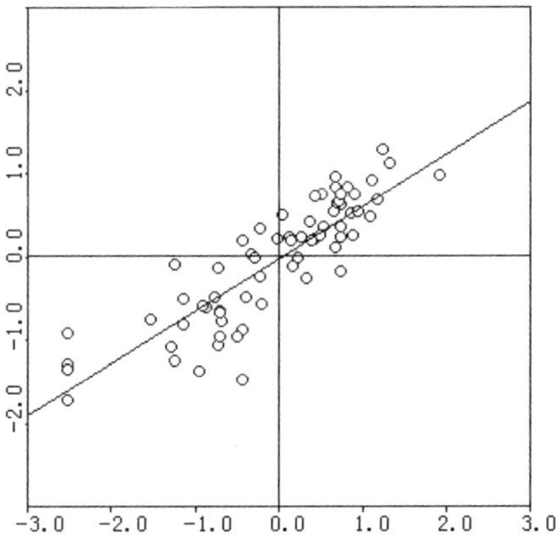
</td></tr>
<tr><td>2011</td><td>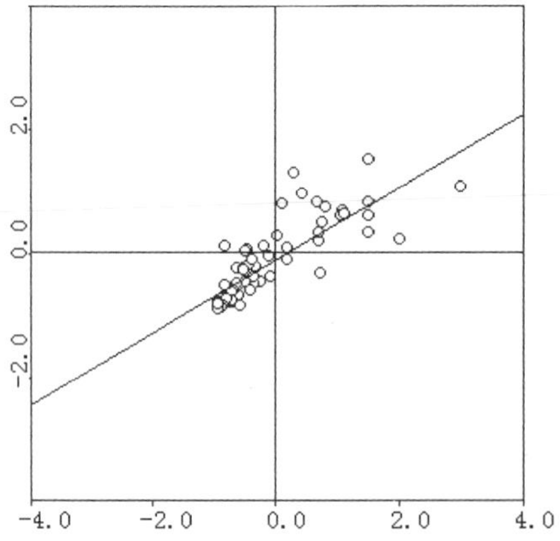
</td><td>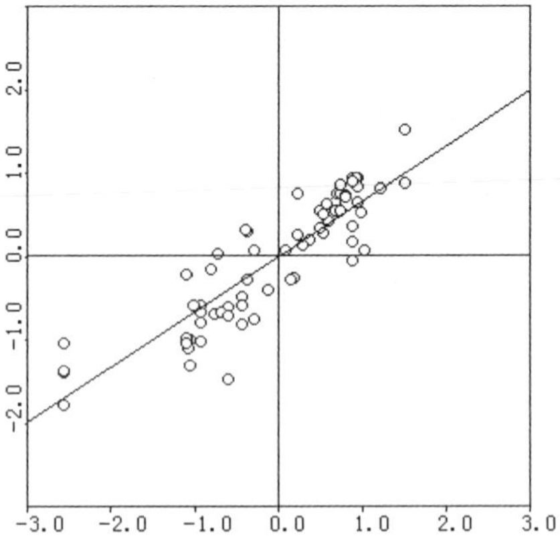
</td></tr>
</table>

图 3.6　历年浙江省各县经济密度和农民收入 Moran 散点图

注：作者依据历年《浙江统计年鉴》计算和绘制。图中横坐标是对应变量的观测值，纵坐标是空间滞后变量的取值

3.3 浙江省产业集群与农民收入的统计分析

产业集群作为经济集聚的产物，在经济世界中有重要的意义。这一发展模式不仅在美国、意大利、日本等发达国家取得了成功，在中国、印度尼西亚、非洲等发展中国家也获得了成功（McCormick，1999；Sonobe et al.，2006；阮建青，2009；Ali and Peerlings，2011；Mano et al.，2012；Long and Zhang，2012）。在对经济集聚进行了统计分析后，本节将聚焦于对产业集群的研究。

在中国历史上，不乏产业集群的经典例子，如江西省景德镇的陶瓷、江苏省苏州的刺绣和安徽省泾县的宣纸等。新中国成立后，基于自然资源禀赋优势和中国重工业优先发展战略，产生了大庆等依赖于地区自然资源和国家规划的产业集群。现代意义上的产业集群是在改革开放以后产生的，在市场化背景下，中国的产业集群以广东省和浙江省的最为典型、最为著名。广东省的产业集群通常被称为“专业镇经济”，其产业内大多数以横向一体化分工联系为主；浙江省的产业集群通常被称为“块状经济”，其产业内实行的是纵向一体化分工。它们都是产业集群的不同类型，这些集群化的产业发展模式是解释中国快速工业化之谜中不可忽略的一个因素（张晓波和阮建青，2011）。本节将重点介绍浙江省的产业集群。

新中国成立后，基于国家的重工业优先发展战略等多方因素，中央政府对浙江省的投资较少。按照1953～1978年的国有单位固定资产累计来看，浙江省全省的人均国家投资仅有114元，仅为全国平均水平的一半左右，是全国各省级区域的最后一位（盛世豪和郑燕伟，2004，P.2）。在这种状况下，浙江省农民的生活十分贫困。穷则思变，一方面，改革开放后，在家庭联产承包责任制这个有力制度的条件下，大量的农民从土地中被解放出来；另一方面，浙江省的许多地方在历史上就有着经商传统，他们积累了丰富的特定产业知识和“产业秘诀”（吴德进，2006，P.218），加上改革开放前在自然资源和国家政策双重劣势的条件下，倒逼出了浙江省农民的冒险精神和迫切希望改变的内在冲动，因此经营自主权和财产权一旦回归到农民手中后，潜在的企业家迅速地迸激出来，位于温州等地的农民开始创办家庭工业并从事轻工业产品的生产和销售活动（阮建青，2009），这种家庭工业迅速得到了成功，也吸引了大量的追随者开始效仿，从而产业集群开始得以萌芽和发展，推动了浙江省工业的快速发展。1978 ~ 1982 年，浙江省的年均工业增加值为 16.6%，位列全国第一。截至 2012 年底，浙江省共有 183 个年销售收入 50 亿元以上的块状经济，共实现工业总产值 3.8 万亿元，占全省工业总产值的 58%①。浙江省的产业集群从萌芽发展到现在已经独具规模，体现了集聚经济无可比拟的魅力。

第一，单打冠军。浙江省经济信息委员会的一项调查显示出浙江省有 232 种工业产品的市场占有率居全国第一，其中全国市场占有率达 40% 以上的产品有 160 种（范剑勇，2008，P.2）；另外，嵊州的领带国际占有率超过了 50%，温州的金属外壳打火机产量的国际占有率高达 70%②。如表 3.3 所示，基于 2008 年浙江省和全国经济普查的统计数据，通过计算浙江省三位数行业代码下各行业的就业人数占全国的比重，可见浙江省就业人数比重超过 10% 的行业就有 43 个；其中，塑料人造革、合成革制造业占全国的比重高达 34.9%，这种产业的高度集中来源于一个小镇仅生产一种小商品，一种小商品被细分为上十个环节并由千家万户的家庭工厂、车间来进行制造，每个家庭工厂或车间仅完成其中的一两个环节。例如，温州市制鞋业中构成一双皮鞋的所有原料都有着"自己"的市场：鞋料——河通桥鞋料市场；皮革——瞿溪皮革市场；鞋底——乐清白石生产基地；鞋机——瓯北皮革机械市场；鞋饰——永嘉黄田鞋饰生产基地。这些市场都集中在几十公里的半径范围内，不管需要什么原料，每一个家庭工厂都可以骑一辆三轮车（或摩托车）来进货、送货，实现了一种"小企业，大协作"的集聚效应（崔砺金和黄玫，2003）。张晓波和阮建青（2011，P.86）认为基于产业集群的中小企业分工协作的生产组织形式非常类似于欧洲的"包买商制"（putting-out system），他们通过对濮院羊毛衫产业集群的案例分析，发现中小企业的分工协作制和一体化工厂制这两种生产组织形式中所包含的 10 种分工类型都聚集在以成衣销售市场为中心的大

---

① 来自浙江经贸网（www.zjjm.gov.cn）：浙江省的块状经济转型升级成效显著，183 个块状经济的年销售收入超过 50 亿。（http://www.zjjm.gov.cn/show-13861.html）。

② 实际上，温州的金属打火机生产在 20 世纪 90 年代的鼎盛时期曾占据了全球金属打火机市场总量的 80%，国内市场的 98%。近几年来由于 CR（Child Resistant Safety Mechanism for Lighter，打火机加装防止儿童开启装置）法规和金融危机的影响，市场份额已经减少。

概3公里的半径范围内，并且不同的区域形成了不同分工类型的聚集（图3.7）。这种将整个小镇包容到产业链中的集聚增长模式使得很多小商品成为全国甚至全球的“单打冠军”，一个小镇因此拥有了一座城市的经济能量（范剑勇，2008，P. 2-3；崔砺金和黄玫，2003）。

表3.3 2008年浙江省各行业就业人数占全国比重

编号	行业名称	行业代码	全国就业人数	浙江就业人数	比重/%
1	塑料人造革、合成革制造	305	108825	37947	34.9
2	合成纤维制造	282	344966	99595	28.9
3	金属家具制造	213	284851	71624	25.1
4	丝绢纺织及精加工	174	451550	100043	22.2
5	文化用品制造	241	257304	53111	20.6
6	日用杂品制造	422	457368	93720	20.5
7	游艺器材及娱乐用品制造	245	41790	8276	19.8
8	羽毛（绒）加工及其制品制造	194	110013	20893	19.0
9	轴承、齿轮、传动和驱动部件制造	355	715359	134708	18.8
10	针织品、编织品及其制品制造	176	2.00E+06①	346336	17.7
11	泵、阀门、压缩机及类似机械的制造	354	1.10E+06	192629	17.3
12	电机制造	391	766204	127889	16.7
13	照明器具制造	397	847964	139372	16.4
14	橡胶靴鞋制造	296	265468	39459	14.9
15	纺织、服装和皮革工业专用设备制造	365	358497	52830	14.7
16	摩托车制造	373	544286	78617	14.4
17	通用仪器仪表制造	411	498317	71533	14.4
18	家用电力器具制造	395	1.20E+06	165179	14.2
19	纺织、服装及日用品批发	633	1.10E+06	158585	14.1
20	光学仪器及眼镜制造	414	329924	46042	14.0
21	化学药品原药制造	271	343182	47715	13.9
22	纺织制成品制造	175	1.20E+06	170669	13.8
23	建筑、安全用金属制品制造	345	644325	87962	13.7
24	房屋工程建筑	471	2.60E+07	3519435	13.6
25	罐头制造	145	240456	31304	13.0
26	塑料家具制造	214	23140	2848	12.3
27	棉、化纤纺织及印染精加工	171	4.00E+06	489924	12.3
28	皮革制品制造	192	3.00E+06	366225	12.2
29	风机、衡器、包装设备等通用设备制造	357	943053	114446	12.1

① 采用科学计数法，2.00E+06 = 2.00×10^6，其他结果以此类推。2.00E-06 = 2.00×10^{-6}，后续不再说明。

续表

编号	行业名称	行业代码	全国就业人数	浙江就业人数	比重/%
30	电视制造	892	288398	32911	11.4
31	其他家具制造	219	204568	22710	11.1
32	广播电视设备制造	403	125377	13910	11.1
33	专用仪器仪表制造	412	204877	22531	11.0
34	不锈钢及类似日用金属制品制造	348	628209	68929	11.0
35	其他寄递服务	599	120503	13101	10.9
36	船舶及浮动装置制造	375	718513	77361	10.8
37	土木工程建筑	472	7.10E+06	764312	10.8
38	纺织服装制造	181	6.20E+06	661127	10.7
39	输配电及控制设备制造	392	1.80E+06	191173	10.6
40	自行车制造	374	285824	29587	10.4
41	日用塑料制造	308	650451	66965	10.3
42	金属工具制造	342	617892	63173	10.2
43	工程准备	501	460258	46350	10.1

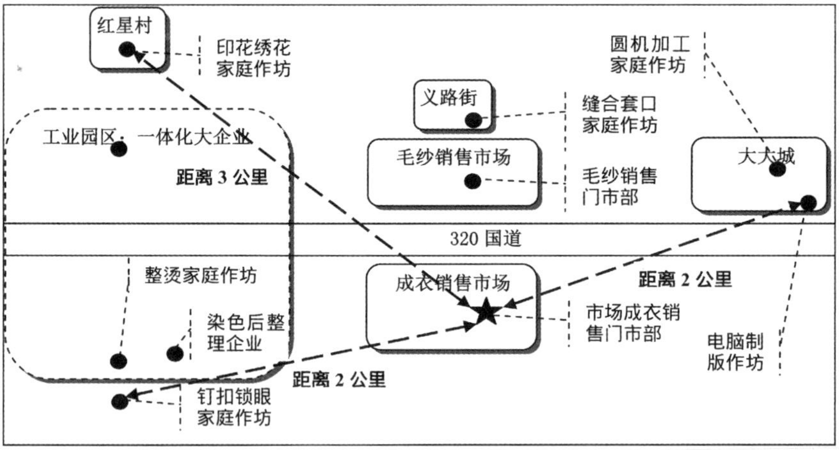

图 3.7　濮院羊毛衫产业集群不同分工的空间分布

资料来源：转引自张晓波和阮建青（2011，P. 87）

第二，“全民皆兵”。浙江省的产业集群模式使得一个区域中几乎所有的劳动力甚至可以说所有的人口都能够参与到产业集群中来，因为浙江产业集群的性质决定了生产的源头大多是家庭工厂、车间，所以对于每家人而言，生产就是生活的一部分，再加上单一的工序技术门槛较低，老人、妇女、残疾人等都可以为集群的生产贡献一份力量，甚至小孩也能够以非正式的形式参与到集群生产中，每个人都是生产者，形成了“全民皆兵”的形态，这些生产者中又产生了“想当将军的士兵”。产业集群通过分工大大地降低了投资门槛，一个企业可以起步于“前店后厂”的家庭作坊，从而使得更多人可以利用非常少量的资金来成为企业家。众多企业家集聚在产业集群中，企业家才能较强的人能够将部分能力共享给企业家才能较弱的人，使得所有企业家均能从中获益，从而为企业家创造了成长的通道（阮建青等，2011）。

第三，包容性增长。浙江省中小企业的集群式发展也对收入增长、贫困减少有着重要作用。自工业革命以来，西方发达国家用了200多年的时间才实现了大多数人摆脱贫困的经济发展过程，日本将这一过程所需要的时间缩短到100年，亚洲新兴工业化国家和地区又将这个过程缩短到了不到40年[①]。值得一提的是，1997年，经历了改革开放20年飞速发展的浙江省成为中国第一个消灭“贫困县”的省份[②]；在这一过程中，浙江省产业集群的发展是其成功的秘密。产业集群大多在农村和小城镇兴起，为主要在农村的贫困人口提供了最容易、最方便的就业机会和脱贫机会。集群式发展模式是一种真正实现了包容性发展的制度创新，对世界农村贫困的减少发挥了实质性的作用（阮建青，2009）。当然，绝对贫困人口的大量减少并不意味着现在研究贫困就缺少了现实意义，反而更能够突出本书中基于经济集聚的研究对于越来越分散的贫困人口以及贫困人口脱贫以后进一步增加收入的意义。

第四，创造市场。浙江省的产业集群形成了令人瞩目的“零资源”经济。浙江省人多地少，自然资源非常不丰富，浙江省大部分的产业集群都不是依赖于自然资源而产生的，而是一种生产原料与销售市场两头在外的“原生型”经济发展模式（盛世豪和郑燕伟，2004，P. 59；吴德进，2006，P. 193）。例如，海宁没有发达的畜牧业，也不生产一张皮革，却成为中国规模最大的皮革专业市场；嘉善县本地没有森林资源，也不生产木材，却成为全国经营规模名列前茅的牧业市场和中国最大的胶合板生产基地（盛世豪和郑燕伟，2004，P. 45）。

第五，各司其职。浙江省的产业集群还呈现出了明显的区域分工，这样既保证了产业集群能够发挥集聚效应、充分地发挥区域比较优势以及挖掘区域特色和竞争力，又避免了产业同构所造成的恶性竞争，如杭州市规模以下企业集中在丝织业、造纸业、服装制造业、纸制品业和电线电缆业，宁波主要以打火

① 引自林毅夫为《发展经济学》（速水佑次郎，2003）所写的序言。

② 潘海平和王国锋——《“富省”如何消融“穷乡”》（新华网，http://news.xinhuanet.com/fortune/2002-06/04/content_423332.htm）。

机、水暖器材、箱包、针织衫裤、五金工具等为主（盛世豪和郑燕伟，2004，P. 10）。

3.3.1　浙江省产业集群数量与农民收入描述统计分析

由于集聚的范围很难被界定，不同的空间尺度都有不同程度的产业集聚，因此为了更具可比性，本书结合了浙江省的实际情况并借鉴了浙江省经济信息委员会的界定方式来界定产业集群：如果在某县级区域内，按照四位数行业代码的标准，属于同一行业的企业数量大于 50 个，并且该区域内同一行业的企业年总产值大于 10 亿元，那么就认为该行业在这个县级区域内有产业集群存在。这种设定了一定基准（benchmark）的产业集群界定方式普遍被应用于实证分析中（Feser and Bergman，2000）。按照浙江省第一次和第二次经济普查的企业微观数据，得出了产业集群的统计结果（表 3.4）。

2004 ~ 2008 年拥有产业集群的县共有 61 个；其中，2004 年拥有产业集群的县有 58 个，2008 年拥有产业集群的县有 53 个。从数量上来看，杭州市辖区在 2004 年和 2008 年都拥有最多的集群数量。通过对比集群数量与农民收入可以看出，集群数量越多的县，其农民收入往往也较高，两者之间可能有一定的相关性。

表 3.4　浙江省各县①产业集群数量与农民人均纯收入

县名	集群数量/个		农民收入/元		县名	集群数量/个		农民收入/元	
	2004 年	2008 年	2004 年	2008 年		2004 年	2008 年	2004 年	2008 年
杭州	49	171	8251	10962	新昌	4	4	5933	9112
宁波	46	112	7568	11999	海盐	6	4	7603	11650
温州	36	53	8200	12017	桐庐	6	4	6120	9450
台州	27	33	6870	10522	奉化	8	4	6225	10851
义乌	12	30	6969	11885	嵊州	10	4	5987	9187
嘉兴	6	27	6953	11493	浦江	3	3	4298	7652
绍兴	8	25	8077	13372	象山	3	3	5898	9990
慈溪	33	22	7332	12263	仙居	3	3	3621	6307
舟山	4	21	5741	11379	平阳	6	3	5196	7655
温岭	19	17	7062	10354	宁海	8	3	6104	10332
余姚	25	16	6943	10997	德清	4	2	6545	11002
桐乡	14	14	7082	11671	安吉	4	2	6161	10343
金华	1	13	4963	8088	永嘉	7	2	4335	6962
海宁	12	13	6933	11403	临海	10	2	5255	8739

① 此处包含市辖区和县级行政区域。

续表

县名	集群数量/个		农民收入/元		县名	集群数量/个		农民收入/元	
	2004 年	2008 年	2004 年	2008 年		2004 年	2008 年	2004 年	2008 年
乐清	20	13	7547	11489	丽水	0	1	4247	6402
湖州	4	12	6443	10873	淳安	0	1	3923	5968
平湖	8	11	7399	11577	江山	1	1	5082	7737
①绍兴	9	11	8077	13372	云和	1	1	3106	4963
临安	4	10	6602	9679	三门	2	1	4313	7179
诸暨	10	10	7271	11612	武义	2	1	3919	6128
瑞安	17	10	6766	10332	兰溪	2	1	4591	6277
上虞	13	9	7120	10859	天台	3	1	4486	6907
衢州	0	7	4413	6825	泰顺	1	0	2749	4661
苍南	5	7	4620	7288	文成	1	0	2990	4761
永康	14	7	6015	8939	景宁	1	0	3061	4810
东阳	4	6	6422	9037	岱山	1	0	6248	11508
富阳	9	5	6833	10756	缙云	1	0	3510	5228
玉环	9	5	8016	11258	庆元	1	0	2910	4670
嘉善	10	5	7067	11487	青田	2	0	3137	5146
长兴	3	4	6438	10745	磐安	2	0	3232	5090
建德	4	4	5003	8026					

从行业来看，表 3.5 列举了 2004 年和 2008 年各 20 个拥有产业集群数量最多的行业，可见 2004 年产业集群数量最多的行业是纺织服装制造业，与其相关的棉、化纤纺织加工以及棉、化纤针织品及编织品制造、绢纺和丝织加工、毛针织品及编织品制造等行业也在前 20 位之中。到了 2008 年，产业集群数量最多的变成了房地产开发经营行业，与其相关的建筑装饰、五金及交电批发、建材批发、房屋工程建筑等行业也在前 20 位之中。通过对比行业的变化，可以在一定程度上看出产业集群演化和转型的过程，造成这种变化过程的原因可能有：第一，产业集群数量过多，集群之间可能产生的竞争越激烈，那么地理上的集中就越会强化竞争的激烈程度（波特，中译本，2003，P. 189），这就促进了产业集群的转型和升级；第二，与传统的纺织、服装等劳动密集型行业相比，房地产行业的投资回报率较高甚至可能是“暴利行业”，从而使得不少企业转向了与房地产相关的行业；第三，为了便于比较，2004 年和 2008 年采用的衡量集群数量的标准不变，而实际上，产业集群可能更多的是自身规模

① 2013 年 10 月，撤销县级绍兴县，设立绍兴市柯桥区。

的扩大而不是产生新的产业集群；第四，由于2008年数据收集的标准时点是2008年年末，所以可能受到了金融危机的影响，集群数量有一定的变化。

表 3.5 2004 年和 2008 年拥有产业集群最多的行业

2004		2008	
行业名称	集群数量/个	行业名称	集群数量/个
纺织服装制造	39	房地产开发经营	32
纸和纸板容器制造	28	药品零售	24
汽车零部件及配件制造	20	其他机械设备及电子产品批发	23
棉、化纤纺织加工	17	其他化工产品批发	21
棉、化纤针织品及编织品制造	16	金属及金属矿批发	20
塑料零件制造	16	建筑装饰	17
紧固件、弹簧制造	16	五金、交电批发	17
包装装潢及其他印刷	13	纺织服装制造	16
钢铁铸件制造	12	生产管理	16
绢纺和丝织加工	10	纺织品、针织品及原料批发	14
日用塑料杂品制造	9	建材批发	14
常用有色金属压延加工	9	再生物资回收与批发	14
毛针织品及编织品制造	8	棉、化纤纺织加工	12
皮鞋制造	8	棉、化纤针织品及编织品制造	11
建筑、家具用金属配件制造	8	房屋工程建筑	11
金属表面处理及热处理加工	8	其他企业管理服务	11
机械零部件加工及设备修理	8	广告	11
摩托车零部件及配件制造	8	市场管理	11
电子元件及组件制造	8	汽车零部件及配件制造	9
其他日用杂品制造	8	道路货物运输	9

3.3.2 浙江省产业集群数量与农民收入空间统计

上述的描述统计分析在一定程度上勾勒出了浙江省产业集群数量与农民收入的特征和变化，为了进一步地分析出产业集群与农民收入的空间布局和空间相关性，本节将进行空间统计分析。

为了进一步地通过产业集群数量来验证前面所描述的统计中浙江省经济集聚的特点，本书将通过绘制 Moran 散点图来分析产业集群的分布特征。如图 3.8所示，2004 年和 2008 年浙江省产业集群数量的 Moran 散点图也大多集中在第一和第三象限，可见产业集群的数量也可能存在着空间相关性，当然这都有待于通过后续章节的空间计量分析来做进一步的验证。

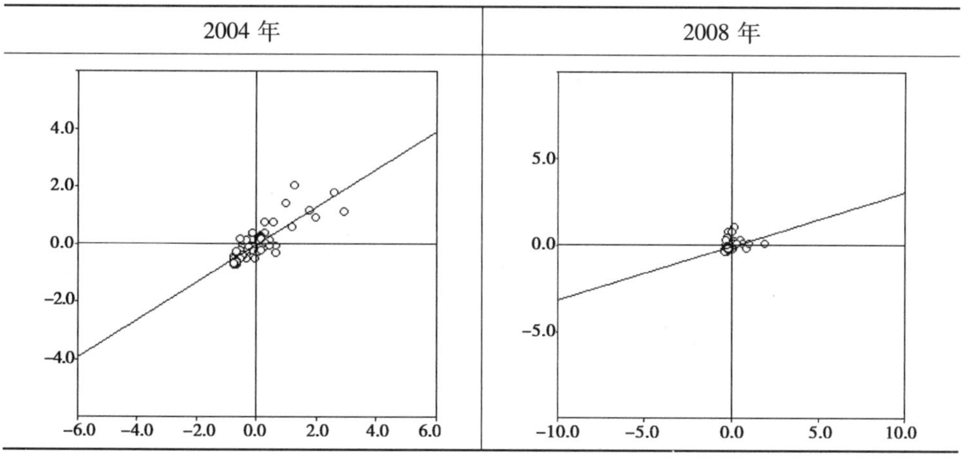

图 3. 8 2004 年和 2008 年产业集群数量 Moran 散点图

注：图中横坐标表示对应变量的观测值，纵坐标表示空间滞后变量的取值

3. 4 本章小结

改革开放以来，浙江省的经济发展取得了令人瞩目的成就，经济的集聚发展特别是经济集聚的典型表现形式——产业集群的发展成为农民收入增长的引擎。通过多维度的描述统计、空间分布图和空间统计分析，从直观上和统计上都能判断出区域之间经济集聚和农民收入之间存在着空间自相关关系。经济集聚对于农民收入有相关性，这种相关性不仅局限于当地，还表现在一个区域对另一个区域的影响中。

4 经济集聚、经济距离与农民增收：直接影响和空间溢出效应

通过前面的文献综述和统计分析，能够间接或者直接地得出经济集聚与农民增收、农村减贫有一定相关性的结论。从第4章开始，我们将通过实证分析并采用科学的计量经济研究方法，进一步地验证经济集聚对于农民收入增长和贫困减少的作用。正如导论中所述，我们力图将本书的研究视作一个打开黑箱的过程。所以在第4章，我们将谨慎地打开第一个黑箱——索罗余值，探索其中与经济集聚相关的部分，即从宏观层面上来看，经济集聚对于农民收入是否能够产生直接影响和空间溢出效应，这种影响和效应到底有多大？

农民收入的增长是一个关系到国家发展全局的大问题（张车伟和王德文，2004），是解决“三农”问题的关键（林毅夫，2003）。最近二十多年来，伴随着中国的GDP每年以约10%①的速度快速地增长，中国农村贫困人口得以大幅地减少，农民人均纯收入从1990年的686元到2010年的5919元，增长了约7.6倍。尽管贫困线从1990年的300元到2010年的1274元提高了约3.2倍，但2010年的贫困发生率仅为1990年的30%②。

表4.1 中国历年农民人均收入和贫困人口变化

年份	农民人均纯收入/元	贫困线/元	贫困人口/万人	贫困发生率/%
1990	686	300	8500	9.4
1991	709	304	9400	10.4
1992	784	317	8000	8.8
1993	922	—	—	—
1994	1221	440	7000	7.7
1995	1578	530	6540	7.1
1996	1926	—	—	—
1997	2090	640	4962	5.4
1998	2162	635	4210	4.6
1999	2210	625	3412	3.7
2000	2253	625	3209	3.5
2001	2366	630	2927	3.2

① 根据1990~2011年的数据（国家统计局，《中国统计年鉴（2012）》，中国统计出版社）计算。

② 由于2011年比2010年的贫困线提高了将近1倍且贫困发生率较2010年增长了5倍左右，所以为了便于比较，本章主要讨论2010年的贫困数据。

续表

年份	农民人均纯收入/元	贫困线/元	贫困人口/万人	贫困发生率/%
2002	2476	627	2820	3.0
2003	2622	637	2900	3.1
2004	2936	668	2610	2.8
2005	3255	683	2365	2.5
2006	3587	693	2148	2.3
2007	4140	785	1479	1.6
2008	4761	1196	4007	4.2
2009	5153	1196	3597	3.8
2010	5919	1274	2688	2.8
2011	6977	2300	12238	12.7

数据来源：《中国统计年鉴（2012）》，《中国统计摘要 2012》。

从 2011 年农民收入的来源来看（表 4.2），农民收入绝大多数来自于以家庭为生产经营单位而获得的家庭经营收入①，约占农民总收入的 46% 左右；农民的打工收入即工资性收入约占 42% 左右；财产性收入和转移性收入分别仅占了 3% 和 8% 左右。虽然家庭经营收入仍然是农民最主要的收入来源，但是农民收入的增长由过去主要靠家庭经营收入逐步转变为了主要依赖于工资性收入，并且工资性收入对农民收入的贡献率远远大于了家庭收入的贡献率（2011 年，工资性收入的贡献率为 1.22，远远大于家庭经营收入的贡献率 0.77），家庭经营收入的贡献也主要归功于家庭经营中的非农收入（鲜祖德，2001）。

表 4.2 2011 年农民收入的来源

指标	绝对值/元	比重	贡献率
人均纯收入	6977.29	1.00	1.00
工资性收入	2963.43	0.42473	1.22
家庭经营收入	3221.98	0.46178	0.77
财产性收入	228.57	0.03276	0.73
转移性收入	563.32	0.08074	1.36

数据来源：《中国统计年鉴（2012）》。

注：贡献率是作者依据统计数据计算出来的。按照各项收入来源增长率除以人均纯收入增长率计算。各数据均有四舍五入。

可见，农民收入越来越受到非农经济的影响。然而，传统的新古典经济增长理论在完全竞争和规模收益不变等假定条件下，忽视了空间因素对于经济活

① 农村住户的家庭经营活动按行业划分为农业、林业、牧业、渔业、工业、建筑业、交通运输业、邮电业、批发和零售贸易、餐饮业、社会服务业、文教卫生业以及其他家庭经营行业。

动的重要影响，多数研究很少考虑不同地域间的空间相关性。事实上，大多数的空间数据都具有或强或弱的空间相关性，不能忽视其他区域的经济发展对当地农民收入所产生的影响（潘文卿，2012）。从计量经济学理论来看，面板数据普遍存在着截面相关，其设定既有丰富的经济含义，又是统计推断结果可靠性的重要保证（王美今和林建浩，2012）。当存在截面相关时，这些统计量就不再收敛于原来的分布，而其产生的严重的水平扭曲问题将影响估计量的有效性甚至是一致性（Pesaran，2006），但是面板数据的截面相关问题尚未引起重视。这些问题都是本章采用面板的空间计量模型来研究经济集聚对于农民收入的直接影响和空间溢出效应的重要原因。

一方面，经济集聚的发展促进了资源的集聚，产生了规模效应，使富的地方越来越富；另一方面，经济集聚的发展制造了众多的经济高地，通过涓滴机制，惠及了当地农民。经济集聚的大小和各区域之间的距离，决定了经济集聚的空间溢出效应。世界银行（2009b）在《世界发展报告——重塑世界经济地理》中开创性地提出了“3D（density-distance-division，密度-距离-分割）”的分析框架，强调了这三个要素对于重塑世界经济地理的重要性。该报告指出经济活动越密集，选择和机遇就越丰富。对于贫困人群而言，靠近经济密度是一条脱贫途径，并将最终惠及留守人口。毗邻区域的发展状况也至关重要，一个区域的繁荣迟早会惠及周边区域。本章也将借鉴“3D”的概念，重点研究经济密度、经济距离对于农民收入的影响。

总之，经济集聚对农民收入有重要影响。在研究这种影响时，不仅要考虑到当地经济集聚对当地农民的影响，还要考虑到其他区域的经济集聚对当地农民的影响。如果不考虑这种空间影响，那么将大大地高估当地经济集聚对农民收入的影响，而低估了经济集聚对农民收入的总体效应（即直接影响和空间溢出效应之和），所以研究经济集聚对农民收入的直接影响和空间溢出效应有着重要的理论和现实意义。基于此，本章将以浙江省 69 个县和 1215 个乡镇的面板数据，通过空间 Durbin 模型，以实际的交通时间的倒数来作为空间权重，研究经济集聚对农民收入的直接影响和溢出效应。

值得强调的是本章将重点聚焦到经济集聚的空间溢出效应，以往的研究都较好地阐述了空间因素对经济发展的影响（详见第 2 章），并且也突出了两个重要问题：对空间尺度的选择和距离的衡量。在对空间尺度的选择方面，中国的省级样本（Ying，2003；林光平等，2005；丁志国等，2011；潘文卿，2012）、地级市样本（Tian et al.，2010）、县级样本（吴玉鸣，2007）等都有所涉及，但是这些研究都忽视了样本内部区域的差异，也有少量研究开始关注更小的空间样本。陈良文等（2008）基于北京133个街道的数据，对经济密度与劳动生产率的关系进行了实证检验。由于集聚出现在不同的地理尺度上并包括了不同程度的部门细节，因此地理规模极为重要，在某一空间尺度中正确的结论，未必在另一尺度中也正确［即“生态谬论”（ecological fallacy）］（Fujita and Thisse，2002）。实际上，空间尺度的选择与研究内容密切相关，如对于美国洛杉矶来说，它是应该被看作是一个大中心还是几个较大中心的集合对空间尺度的选择不同，其结论差异就会很大（Fujita and Thisse，2002），但总体而言，空间单位越小就越有可能在空间上密切关联（Anselin and Getis，2010）。空间尺度过于宏观会忽视区域内部的差异，大大地降低分析的可信度（陈良文等，2008），Ciccone 和 Hall（1996）甚至指出对美国各州平均经济集聚程度的建模是没有意义的。许多研究已表明，随着时间的推移，各地区之间的贸易壁垒和行政边界已逐渐地被削弱，因此要想产品与要素在各省之间、县之间更加自由地流动，就需要用一个以省区或更小的县域为基点的全域性视角来宏观地考察中国各地经济发展中相互依赖、相互影响的关系（潘文卿，2012）。在对距离的衡量方面，以往的研究大多采用的是欧氏直线距离衡量方法，通过设置相应的空间权重矩阵来进行空间计量分析。欧式距离是将两地直线距离的倒数作为权重放入空间计量模型中，它考虑了所有样本对于单一样本的影响。但是，欧氏直线距离并不是经济距离，经济距离是指商品、服务、劳务、资本信息和观念穿越空间的难易程度，它体现了时间和货币成本，是对市场准入和供给获得难易程度的有效衡量（Redding and Venables，2004）。交通运输基础设施的位置和质量、运输的可得性可以极大地影响任何两个区域的经济距离，尽管它们之间的数学距离可能相等（世界银行，2009）。因此，采用欧氏直线距离来作为空间权重可能会造成一定的偏误。

总之，要想更好地衡量出经济集聚对于农民收入的影响，就需要采用更小的空间尺度，用更科学、更严谨的方法来衡量空间距离，这也使得本章在以往研究的基础上可能做出了一定的创新：第一，运用了21年的县级长周期数据和3年的乡镇级小单位大样本数据来进行空间面板分析；第二，选取了区域之间的交通时间的倒数来作为空间权重矩阵①，较 0-1 矩阵和两地直线距离矩阵都有突破性的改进。

4.1　经济集聚和经济距离对农民收入影响的实证分析

通过第 3 章空间分布图的直观判断和全域 Moran'I 指数的统计分析可知，经济集聚、农民收入在各县之间有空间相关性，经济集聚可能对农民收入有直接影响和空间溢出效应，这种相关性和影响能够通过进一步的空间溢出效应测度来显现。本节将通过严格的计量分析来判断出经济集聚是否对农民纯收入有空间溢出效应以及这种空间溢出效应的作用有多大。

4.1.1　数据来源

本节数据来源于 1991 ~ 2012 年的《浙江省统计年鉴》、《浙江 60 年统计资料汇编（1949 ~ 2009）》、2005 ~ 2007 年的《浙江乡镇统计年鉴》。数据的真实性和权威性在导论中已有了详细阐述，在此不再赘述。运算的软件为 ARCGIS 和 STATA。值得一提的是，由于县级及以上层面的宏观统计数据往往只是对规模以上企业的统计，所以本节采用的乡镇级层面数据能够更好地对浙江省这种中小企业集群式发展的工业模式进行分析和解释。

4.1.2　模型构建

Duranton 和 Puga（2004）提出了经济集聚通过以下三种微观机制来对劳动生产率发生作用。

第一，分享（sharing）。经济集聚能够使企业有效地分享不可分的服务或设施、中间投入品、外部风险、专业化和多样化等。研究不可分服务的例子有张学良（2012）对交通基础设施的研究，他通过构建交通基础设施对区域经济增长的空间溢出模型，发现了交通基础设施对于中国的区域经济增长具有重要的作用，并且强调了如果不考虑交通基础设施的空间溢出效应，那么就会高估其对当地经济增长的作用。Krugman（1991）也提到了位于同一区域的企业

① 交通时间是根据浙江省的各县（乡镇）地理位置分布，通过 google map 查询两地行政中心之间驾驶机动车辆消耗的时间。这意味着，在设定 1215 个乡镇的空间权重矩阵时，需要查询 1215 × (1215 - 1) /2 = 737505 个交通时间数据。另外，google map 区分了不同等级道路的单位交通时间。

能够分享大型设备和基础设施。对中间投入品的分享是马歇尔外部性的三个源泉之一，中间投入品和最终的产品部门在空间上的集聚可以降低运输成本，提高生产效率（Krugman，1980）。研究外部风险的例子有 Nadvi 和 Barrientos（2004）认为产业集群可以通过主动的联合行动（joint action）来抵御外部风险。阮建青等（2010）通过对浙江省典型的产业集群质量升级过程的案例研究，提出重大危机往往会引发地方政府和企业家的集体行动，合适的行动会促进产业集群质量的升级。专业化是 MAR 外部性的体现，如专业化分工带来了马歇尔外部性（Marshall，1920）。多样化是雅各布斯外部性的体现，如不同行业之间知识的传播及经济活动的交往，通过雅各布斯外部性能够促进劳动生产率的提高（Jacobs，1969）。

第二，匹配（matching）。经济集聚能够让工人与企业、关联产业的企业、卖家与买家、企业家与资本市场更好地匹配。工人和企业的匹配体现了马歇尔（Marshall，1920）所提出的劳动力蓄水池效应，即大量劳动力和厂商的空间集聚能够有效地满足劳动力供需双方的需求，从而提高经济的运行效率。具体而言，企业和工人在空间上的集聚，使得位于特定区域的企业和工人的数量都增加，也使得每个工人找到的企业与其自身的能力和需求意愿更加匹配，即提高了匹配的质量，劳动力市场的扩大，增加了工人与企业的匹配机会，即提高了匹配的概率（brueckner et al.，2002）。另外，由于有大量的劳动力需求和供给，因而让企业和工人都有了“试错”的机会，减少了企业和工人任何一方向对方要挟的可能，有助于套牢问题（hold-up problems）的减少（Duranton and Puga，2004）。关联企业的匹配体现了马歇尔（Marshall，1920）所提出的专业化投入产品效应，即具备上下游联系的企业在空间上的集聚能够有效地满足上下游企业的供需要求、降低运输成本和交易成本，提高劳动生产率。买家与卖家的匹配体现了经济集聚能够通过货币外部性来提高劳动生产率（Krugman，1991）。关于企业家与资本市场匹配的例子有阮建青等（2009）阐述了一个企业家与资本市场相匹配的渠道，他们认为企业家将一种进入门槛很高的资本密集型生产技术通过产业集群的分工模式来分解成多种进入门槛很低的劳动密集型生产技术，从而使大量潜在的企业家成为现实的企业家。

第三，学习（learning）。知识穿过走廊和街道要比跨越大陆和海洋容易得多（Feldman，1994）。工人通过“干中学”获得了知识，提高了人力资本；大量经济活动主体进行空间集聚所带来的面对面交流能够促进知识和技术的交流和传播；不断交流的过程和不断学习的过程促进了对知识的累积，进而推动了对新知识和新思想的创造。这些过程都能够在不同程度上提高生产效率（Duranton and Puga，2004；库姆斯等，2011）。

这些机制的产生都可以被统一地放入外部性理论分析框架中，该理论强调了空间生产与市场的不可分割性，经济在地缘邻近区域的集聚实现了对资源的共享、降低了交易成本、实现了对知识与技术的交流与创新，从而带动了劳动生产率的提升（陈良文等，2008）。伴随着经济距离在不同区域之间通过交通设施的改善、制度障碍的破除变得越来越近，经济集聚空间溢出效应的辐射范围也越来越广，从而不仅带动了当地劳动生产率的提高，还带动了其他区域劳动生产率的提高。对于农民而言，按照管理学家马奇（March，1994）[①] 所提出的框架，将经济集聚对农民收入的影响分为身份（identity）和环境（environment）两个。其中，身份是指农民获得的就业身份和社会地位等，强调了农民主动地获得；环境是指农民能够获得的由于经济集聚所带来的就业环境、生活环境的变化，强调了农民被动地享有。因此，在上述微观机制给予农民身份和环境改变的基础上，经济集聚对农民收入的影响还体现在了以下三个方面。第一，身份变化。农民通过进入经济集聚的环境，获得了非农就业机会和非农收入。第二，非农就业环境的改变。农民不仅可以通过当地由经济集聚产生的就业环境来获得非农收入，并且由于空间溢出效应的存在，农民可以选择不同区域的就业机会。伴随着农民与经济集聚中心的经济距离越来越近，进一步地增加了农民获得非农收入的机会。第三，农业环境的改变。经济集聚带来了城市化的发展，已有研究证实城市化对现代农业有着重要作用（卫龙宝等，2013），它可能会提高农民农业收入的增长。当然，不可否认，经济集聚也将吸纳非集聚区域的优势资源特别是农村的优势资源，这有可能会造成农民农业收入的减少。第四，生活环境的改变。生活环境强调了不管农民在经济集聚的环境中是否获

---

① 詹姆斯·马奇（James March）是著名的管理学家。在 2003 年《哈佛商业评论》的一个管理学家排名上，排在第一位的是 20 世纪最伟大的管理思想家德鲁克，排在第三位的是诺贝尔经济学奖获得者西蒙，排在德鲁克之后、西蒙之前的则是几乎没有公众知名度的马奇。

得了就业机会，由于价格指数效应的存在，农民可以享有由经济集聚所带来的较低的消费者价格指数，由此来提高实际工资。另外，经济集聚区域带来了基础设施的改善，使农民的生活更加便利，在一定程度上影响了农民的收入，促进了当地经济的发展，使经济的涓滴效应能够惠及农民。

不过，经济集聚也可能会对农民收入产生一定的负面作用。第一，外部性理论认为如果能够获得搭便车的利益，那么对经济主体就可能会产生负向的激励，导致企业不愿意进一步地创新，使企业可能在市场竞争中被淘汰，造成农民的失业。但是，由于社会资本和企业间频繁重复交易的存在（张晓波和阮建青，2011，P. 2），大大地降低了交易费用，规避了道德风险的产生，所以对于经济集聚中的企业和工人而言，大都希望在这种重复博弈中获得双赢。因此，这种外部性带来的正面影响可能将大于负面影响。另外，如果这种外部性的负面影响过大，那么产业集群由于市场机制或政府的干预，也能实现从数量扩张到质量升级的转变（阮建青等，2010），位于产业集群中的企业也可能选择“用脚投票”并迁移到另一个产业集群中，而农民也会“用脚投票”来寻找新的就业机会。第二，正如前文所描述的由于农业环境的改变，经济集聚将优势资源集聚到了特定区域，产生了对其他区域（特别是农村）的“虹吸效应”，造成了农业生产资源的流失和农村空心化，这样可能会减少农民的农业收入，造成以务农为主的农民更加贫困。总之，虽然有诸多证据验证了经济集聚将对收入增长起到促进作用，但是它对农民收入的影响并不确定，需要采用科学的实证分析来验证。

本节借鉴陈良文等（2008）构建的理论模型，基于 Cobb-Douglas 生产函数来构建理论模型：

$$Q=L^{\alpha}K^{1-\alpha}S^{\gamma}\left(\frac{O}{A}\right)^{\lambda-1/\lambda} \tag{4.1}$$

式中，Q 为某地区的总产出水平；L 是劳动力数量；K 是资本总量；S 是经济结构；O 是某区域的 GDP；A 是总面积。因此，$\left(\frac{O}{A}\right)^{\lambda-1/\lambda}$ 是衡量经济集聚对于产出的影响，当且仅当 $\lambda\geqslant 1$ 时，经济集聚对产出的影响显著为正，表明大量经济活动的空间集聚能够带来集聚经济效应（陈良文等，2008）。

通过式（4.1）可以求出某区域的劳动生产率：

$$\frac{Q}{L}=\left(\frac{K}{L}\right)^{1-\alpha}S^{\gamma}\left(\frac{O}{A}\right)^{\lambda-1/\lambda} \tag{4.2}$$

将式（4.2）的两边取对数可得

$$\ln\left(\frac{Q}{L}\right)=(1-\alpha)\ln\left(\frac{K}{L}\right)+\gamma\ln S+\left(\frac{\lambda-1}{\lambda}\right)\ln\left(\frac{O}{A}\right) \tag{4.3}$$

由于工资水平衡量的是产出中单位劳动的贡献，因此工资水平可以被用来衡量各地区劳动者的生产效率（陈良文等，2008）。对于农民而言，用农民人均纯收入代表农民的工资水平来作为因变量，因为上述自变量主要影响的是农民的非农收入，所以本节将人均农业总产值（pfirgdp）作为控制变量加入到计量模型中，以用于衡量农业生产对农民收入的影响。

因此，通过理论模型可得出如下的计量模型：

$$\ln \text{rincome}=\alpha_0+\alpha_1\ln \text{mgdp}+\alpha_2\ln S+\alpha_3\ln \text{tinput}+a_4\ln \text{pfirgdp}+\mu \tag{4.4}$$

式中，rincome 指农民人均纯收入；$\text{mgdp}=\frac{O}{A}$，它是指经济密度，用于衡量经济集聚程度；$\text{tinput}=\frac{K}{L}$，它是指资本密集度（资本-劳动比率）。

另外，不能忽视其他区域的经济发展对当地农民收入产生的影响，因此本节将空间变量引入了计量模型中，并采用了空间 Durbin 模型。

本节空间 Durbin 模型的设定形式如下：

$$\begin{aligned}\ln \text{rincome}_{it} &= \alpha_0+\delta\sum_{j=1}^{N}w_{ij}\ln \text{rincome}_{jt}+\alpha_1\ln \text{mgdp}_{it}+\alpha_2\ln S_{it}\\&\quad+\alpha_3\ln \text{tinput}_{it}+\alpha_4\ln \text{pfirgdp}_{it}+\beta_1\sum_{j=1}^{N}w_{ij}\ln \text{mgdp}_{jt}\\&\quad+\beta_2\sum_{j=1}^{N}w_{ij}\ln S_{jt}+\beta_3\sum_{j=1}^{N}w_{ij}\ln \text{tinput}_{jt}+\beta_4\sum_{j=1}^{N}w_{ij}\ln \text{pfirgdp}_{jt}\\&\quad+\mu_i+\lambda_t+\varepsilon_{it}\end{aligned} \tag{4.5}$$

式中，$\ln \text{rincome}_{it}$ 表示在 t 年 i 区域的农民人均纯收入的自然对数；w_{ij} 代表 i 区域到 j 区域的经济距离的倒数；α_0 为截距项，δ、α_1 ~ α_4、β_1 ~ β_4 代表待估参数；ε_{it} 表示服从独立同分布的误差项，均值为 0，方差为 σ；μ_i 和 λ_t 分别表示空间和时间上的特定效应。

需要说明的是 $\sum_{j=1}^{N} w_{ij}$ 代表了空间权重矩阵，是 **N** 阶的对称矩阵；其中 $w_{ij}=w_{ji}$，对角线 $w_{11}=w_{22}=\cdots=w_{NN}=0$，$w_{ij}=w_{ji}$，其形式为式（4.6）。因此空间权重矩阵与相应变量相乘得出的空间变量代表了其他区域变量的加权总和：

$$\sum_{j=1}^{N} w_{ij}=\begin{bmatrix} w_{11} & w_{12} \cdots & w_{1N} \\ w_{21} & w_{22} \cdots & w_{2N} \\ \vdots & \vdots & \vdots \\ w_{N1} & w_{N2} \cdots & w_{NN} \end{bmatrix} \tag{4.6}$$

4.1.3 变量说明

表 4.3 是变量说明，在县级层面，本章选取了农民人均纯收入作为因变量，经济密度作为自变量。

表 4.3 变量说明

分类		变量名称	变量含义	单位
县级数据	因变量	农民人均纯收入	县农民人均纯收入	元
	自变量	经济密度	县经济密度	亿元/公里^2
	控制变量	工业化率	县工业化率	具体数值
		资本密集度	县资本密集度	万元/人
		人均农业总产值	县人均农业总产值	万元/人
	矩阵	空间权重矩阵	以交通时间的倒数作为空间权重，形成了 69×69 的一个矩阵 **w**	
乡镇级数据	因变量	乡镇农民人均纯收入	乡镇农民人均纯收入	元
	自变量	乡镇经济密度	乡镇经济密度	万元/公里^2
	控制变量	乡镇工业化率	乡镇工业化率	具体数值
		乡镇资本密集度	乡镇资本密集度	万元/人
		人均农业总产值	乡镇人均农业总产值	万元/人
	矩阵	乡镇空间权重矩阵	以交通时间的倒数作为空间权重，形成了 1215×1215 的一个矩阵 **w**	

在控制变量中，采用工业总产值占 GDP 的比重来作为衡量工业化率的指标，该指标也可以作为衡量工业生产结构和工业集聚的指标（金煜等，2006；Wen，2004）。采用全社会固定投资完成额与人口的比重来衡量资产劳动比，全社会固定投资完成额是以货币形式表现的在一定时期内建造和购置固定资产的工作量以及与此有关费用的总称，它既是反映固定资产投资的规模、结构和发展速度的综合性指标，又是观察工程进度和考核投资效果的重要依据。采用

各县农业总产值与人口比重来衡量人均农业总产值，体现了农业生产对于农民人均纯收入的影响。

在浙江省内，不同县（乡镇）之间的距离十分近，通过计算浙江省 1215 个乡镇两两之间的交通时间发现，浙江省乡镇间的驾车时间平均为 3.7 小时，最长不超过 13.4 小时。当地农民不仅能够从当地的经济发展中获利，也能够容易地从其他县（乡镇）中获得收益，并且中国的户籍制度和经济普查制度决定了农民在外地的收入，而这部分收入也将被计入户籍所在地的收入。科学地衡量其他区域的经济发展对当地农民收入的影响，涉及两个内容：其他区域变量的大小、其他区域与当地的距离。本节以经济距离为权重的自变量和因变量加总反映了其他区域的经济发展对当地农民收入的空间溢出效应，即采用空间权重矩阵与变量相乘来形成空间变量，采用实际的交通时间的倒数来衡量经济距离 w_{ij}。

由于经济密度对农民收入的影响可能在第二年才反映出来，因而本节采用的经济密度在时间上滞后一年，即使用上一年的经济密度。

为了让模型更加稳健，本章利用乡镇级层面数据来进行实证分析，在现有数据的条件下，尽量与县级层面的变量保持一致①。一方面，由于空间尺度更小，因而能够较好地衡量出县级区域内部的直接影响和空间溢出效应，增强了结果的说服力；另一方面，采用乡镇级层面数据能够更好地衡量出各县内部和位于不同县的乡镇之间的差异和互动，这也和浙江省“一镇一品，一县一业”的产业集群发展模式相对应。

另外，按照理论模型设定，对因变量、自变量和控制变量都取自然对数。

4.1.4　统计分析

在第 3 章中，已经对经济集聚与农民收入做了较详尽的统计分析，因此本章用两个简单且直观的统计，具体地勾勒出经济集聚与农民收入两者的统计特征。

绘制 2011 年经济密度与农民收入的散点图（图 4.1），横轴是经济密度的

---

① 调整部分包括：工业化率采用的是各乡镇的乡镇企业总产值与农村经济总收入的比值，经济密度采用的是各乡镇农村经济总收入与乡镇行政面积的比值。全社会固定投资完成额采用了各乡镇农村固定资产投资完成额。

取值，纵轴是农民人均纯收入的取值，可以看出经济密度与农民人均纯收入有明显的正相关关系。

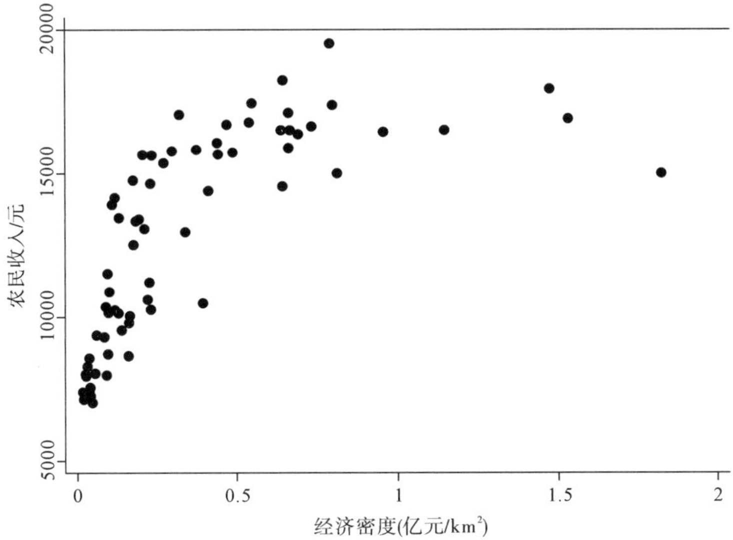

图 4. 1　农民人均纯收入与经济密度散点图

4.1.5　计量检验

1. **县级数据分析**

本节首先对县级数据进行计量检验和结果分析，由于是面板数据，因而需要在固定效应和随机效应估计方法中进行选择。本节对不考虑空间相关性的基本面板数据模型进行了 Hausman 检验，其检验结果显示：Hausman 检验中 $\chi^2=211.62$，在 1% 的显著性水平下拒绝了固定效应与随机效应估计无差异的假设，因此固定效应模型的估计方法相对更优。

表 4. 4 是县级数据估计结果，模型 1 是不考虑空间溢出效应的回归模型；模型 2 是自变量滞后一期的不考虑空间溢出效应的回归模型；模型 3 是考虑了空间溢出效应的空间 Durbin 面板回归模型，空间 Durbin 模型不再适合用 OLS 法来进行估计，一般采用极大似然法（ML）进行估计来得到可信的参数估计值（潘文卿，2012）；模型 4 是控制了时间效应的空间 Durbin 面板回归模型。

表 4.4　县级数据估计结果

	因变量：ln（农民人均纯收入）			
	OLS		ML	
	模型 1	模型 2	模型 3①	模型 4
ln（经济密度）	0.15***		0.04***	0.01
	(14.31)		(4.98)	(1.46)
ln（工业化率）	-0.08*		0.16***	0.06*
	(-1.90)		(4.35)	(1.95)
ln（资本密集度）	0.36***		0.22***	0.05***
	(40.00)		(19.08)	(4.46)
ln（人均农业总产值）	0.16***		0.02	-0.02**
	(10.95)		(1.50)	(-2.11)
ln（农民收入）×W			1.42***	-0.05
			(11.36)	(-0.64)
ln（经济密度）×W			0.22**	0.92***
			(2.30)	(5.62)
ln（工业化率）×W			0.02	-0.54**
			(0.15)	(-2.11)
ln（资本密集度）×W			-0.37***	0.46***
			(-8.54)	(3.68)
ln（人均农业总产值）×W			0.19	0.07*
			(1.60)	(1.69)
滞后一期 ln（经济密度）		0.14***		
		(14.73)		
滞后一期 ln（工业化率）		-0.09**		
		(-2.41)		
滞后一期 ln（资本密集度）		0.37***		
		(43.13)		
滞后一期 ln（人均农业总产值）		0.12***		
		(8.55)		
截距项	8.20***	8.03***		8.37***
	(47.34)	(48.80)		(6.50)
是否控制年份	否	否	否	是
观测值	1，518	1，449	1518	1518
拟合优度	0.91	0.91		

注：结果报告的是回归系数，括号内为 t 值。

*表示 10% 水平显著；**表示 5% 水平显著；***表示 1% 水平显著。

① 注：由于 stata 软件的不同命令有不同作用，所以采用 stata 估算模型 3 和模型 4 时，采用了不同的命令。

从县级层面来看，模型1～模型4的经济密度和经济密度的经济距离加权计量结果几乎一致，可见这些模型十分稳健。

2. **乡镇级数据分析**

表4.5的第二、第三列是用乡镇级数据估计的结果。模型5是不考虑空间溢出效应的回归模型；模型6是考虑了空间溢出效应的Durbin空间面板回归模型。从乡镇层面来看，经济密度和经济密度的经济距离加权计量结果与县级层面一致。

表4.5 乡镇级数据估计结果和县级数据系统GMM模型估计结果

	因变量：ln（农民人均纯收入）				
	OLS	ML	GMM	GMM	GMM①
	模型5	模型6	模型7	模型8	模型9
ln（经济密度）	0.26***	0.13***	0.16***	0.14***	0.15***
	(22.04)	(31.52)	(27.25)	(16.38)	(23.94)
ln（工业化率）	0.07***	0.04***	0.19***	0.21***	0.21***
	(7.49)	(6.93)	(7.51)	(8.31)	(8.29)
ln（资本密集度）	0.40***	0.19***	0.05***	0.07***	0.05***
	(8.99)	(6.35)	(5.48)	(6.68)	(5.84)
ln（人均农业总产值）	0.03***	0.01	0.08***	0.09***	0.07***
	(3.40)	(1.60)	(10.14)	(10.71)	(9.23)
ln（农民收入）×W		-0.004***	0.02	0.03	0.13***
		(-3.66)	(0.53)	(1.14)	(3.33)
ln（经济密度）×W		0.34***	0.13***	0.19***	0.16***
		(11.40)	(3.02)	(4.31)	(4.79)
ln（工业化率）×W		-0.19***	-0.89***	-0.97***	-1.09***
		(-7.91)	(-10.47)	(-11.01)	(-10.94)
ln（资本密集度）×W		0.92**	-0.01	-0.05**	0.01
		(2.13)	(-0.35)	(-2.05)	(0.33)
ln（人均农业总产值）×W		0.17***	0.68***	0.62***	0.54***
		(4.34)	(11.69)	(10.38)	(11.67)
截距项	8.93***	8.27***	6.46***	6.72***	5.95***
	(167.56)	(19.85)	(16.80)	(17.16)	(15.59)
观测值	3，023	3，002	1，017	1，023	1，017
拟合优度	0.28		0.95	0.95	0.95

注：结果报告的是回归系数，括号内为t值。

表示5%水平显著；*表示1%水平显著。

① 模型9采用实际距离替代交通时间。

3. **内生性问题处理**

本节关注的主要的解释变量——经济密度和采用经济距离加权的经济密度可能是内生的，因为新经济地理学理论中的循环累积因果效应决定了经济密度会使得一个区域的工资更高，工资更高就更能够吸引更多的劳动力，进而使经济密度进一步地增加（库姆斯等，2011）。本节采用系统广义矩面板模型（系统 GMM）对县级数据进行估计，克服了模型中各解释变量的内生性问题，系统广义矩面板模型估计是目前公认的能够较为有效地解决模型中解释变量内生性问题的方法（Nicole and Sandra，2007）。

在工具变量的选择上，陈良文等（2008）将其分为了两类。第一类是采用区域面积。区域面积会影响经济密度的大小，但是并不会影响农民收入。第二类是采用滞后变量。本节分别采用行政面积和滞后一期的经济密度作为工具变量，并得到了模型 7 和模型 8。另外，由于采用了长周期数据，交通时间可能随着时间的变化而变化，因此，本节用县级实际距离来替代交通时间、用滞后一期的经济密度作为工具变量，并进一步地通过系统 GMM 进行稳健性检验，得到了模型 9。模型 8 和模型 9 的估计结果与县级数据和乡镇级数据的估计结果都是一致的，可见其模型结果是稳健的，有效地消除了内生性偏误。

4.1.6 直接影响与溢出效应的测算与分析

本节选择模型 4 和模型 6 作为最终设定模型，并对估计结果进行分析，发现经济密度对农民纯收入的影响存在着直接作用和空间溢出效应。但需要强调的是，空间 Durbin 模型的估计参数并不是指直接影响和溢出效应的大小，它们需要通过偏微分方法来求解（Lesage，2009）。具体而言，首先将空间 Durbin 模型改写成矩阵形式：

$$\boldsymbol{Y} = (\boldsymbol{I} - \rho W)^{-1}\alpha \boldsymbol{l}_N + (\boldsymbol{I} - \rho W)^{-1}(X\beta + WX\theta) + (\boldsymbol{I} - \rho W)^{-1}\varepsilon \quad (4.7)$$

式中，$\boldsymbol{I}$ 是单位向量，$\boldsymbol{l}_N$ 是 $N\times 1$ 向量，ε 是空间和时间上的特定效应。对于式（4.7），其中 $\boldsymbol{Y}$ 关于第 1 ~ N 个区域的内生变量 X 中第 k 个变量的偏微分矩阵是

$$\left[\frac{\partial\ Y}{\partial\ x_{1k}}\cdots\frac{\partial\ Y}{\partial\ x_{Nk}}\right] = (\boldsymbol{I} - \rho W)^{-1}[\boldsymbol{I}\beta_K + W\theta_K] \quad (4.8)$$

式中，最右端矩阵的对角线元素的均值定义为直接影响；每行或者每列中非对角元素之和的均值定义为间接影响，也被称为溢出效应。第 k 个变量产生的变

化对内生变量产生的直接冲击等于 β_K ，相邻区域产生的溢出效应的平均值为 $\sum_{i=1}^{N}\sum_{j=1}^{N} w_{ij}\theta_k/N(i \neq j)$ ，这个溢出效应是由内生变量与距离矩阵相乘产生的，如本节中经济密度对农民收入的溢出效应实际上是指其他区域经济密度的经济距离加权所产生的对当地农民收入的冲击。LeSage 和 Pace（2009）提出了对直接影响和空间溢出效应的计算方法：

$$(\boldsymbol{I} - \rho W)^{-1} = \boldsymbol{I} + \rho w + \rho^2 w^2 + \rho^3 w^3 + \cdots \tag{4.9}$$

通过预先设定式（4.9）右侧 w 和 ρ 的次数，可以避免矩阵 $\boldsymbol{I} - \rho W$ 复杂的求逆过程，并能够很容易地获得每次参数联合抽样的直接与间接效应取值（丁志国等，2011）。

表 4.6　各自变量直接影响、溢出效应和总体效应的计算结果

	直接影响	空间溢出效应	总体效应
ln（经济密度）	0.05***	0.37***	0.41***
	(6.41)	(3.31)	(3.69)
ln（工业化率）	0.16***	0.35*	0.52***
	(4.14)	(1.89)	(2.81)
ln（资本密集度）	0.21***	−0.08*	0.13***
	(18.35)	(−1.95)	(3.49)
ln（人均农业总产值）	0.02*	0.24*	0.26*
	(1.76)	(1.68)	(1.78)

注：结果报告的是回归系数，括号内为 t 值。

*表示 10% 水平显著；**表示 5% 水平显著；***表示 1% 水平显著。

由此可以得出经济密度对农民收入的直接影响、空间溢出效应和总体效应（表 4.6），从表 4.6 中可以归纳出以下的结论。

经济密度对农民收入有正向显著的直接影响，其他区域的经济密度与经济距离的共同作用对农民收入有正向显著的空间溢出效应，其产生的总体效应也是正向显著的。具体而言，当地经济密度增长 1%，则农民人均纯收入增长约 0.05%；如果其他区域的经济密度增长 1%，那么当地农民人均纯收入增长约 0.37%。按照 2011 年浙江省的平均数据来计算①，农民人均纯收入受到了当地

① 因为浙江省整个区域的地理面积几乎不会变化，所以用 GDP 增长率来替代经济密度的增长率，其数值为 16.7%，农民人均纯收入按 6977 元计算。

经济密度和其他地区经济密度的影响，分别增长了约 58.26 元和 431.11 元。对比空间 Durbin 模型和模型 1 得出的经济密度弹性，可以验证前述的结论，即没有考虑空间溢出效应的模型比空间 Durbin 模型高估了约 3 倍当地经济密度对于农民收入的影响而低估了经济密度对农民收入的总体效应，其仅为总体效应的 36.59%。可见，经济密度特别是其他区域的经济密度对农民增收有十分重要的作用，这与 Ciccone 和 Hall（1996）、范剑勇（2006）、陈良文等（2008）、张海峰和姚先国（2010）等的结论类似。浙江省的资源禀赋并不丰裕，在国家投资和外商投资都较少的经济环境下，经济却有着近二十年的快速发展，其奥秘就在于它的集聚式发展，特别是以中小企业集群式发展的工业化路径。这也充分说明了在当今经济发展的过程中，尽管资源禀赋等地理因素是影响其发展的重要因素，但它并不足以解释经济的财富模式或预测未来的增长潜力。经济密度和经济距离的综合作用带来了规模效应和对周边经济的空间溢出效应，当地和周边经济的快速、稳定增长推动了经济的进一步集聚，充分发挥了区域经济发展的循环累积因果特点（世界银行，2009b）。

工业化率和人均农业总产值对农民收入也存在着正向显著的直接影响和空间溢出效应。资本密集度对农民收入存在着正向显著的直接影响而空间溢出效应却是负向显著的，其原因在于农民更多的是在劳动密集型产业中获得就业机会，其他区域的资本较劳动越密集，则越有可能对当地的产业和资本产生竞争，使农民的非农收入降低。在后续章节的研究中，将进一步地验证该结论。

4.1.7　经济距离对农民收入影响的再验证

本节利用空间权重矩阵与变量相乘形成空间变量，用以反映其他区域的经济发展对当地农民收入的空间溢出效应，这是目前空间计量经济学研究中最常用的方法；但是也有相关研究认为空间权重是事先设定的，缺少传统计量经济学中的估计和检验，没有经济理论的支撑和合理的经济机制（Elhorst，2010；Harris et al.，2011）。因此，本节将经济距离单独地从原有的空间 Durbin 模型中独立出来，以再次验证空间距离对于农民收入的影响。

因为距离是一个相对概念，需要有参照系来比较距离，所以借鉴 Redding 和 Venables（2004）的计量模型，本节将浙江省 69 个县级区域相互之间的经济距离引入计量模型中，得出了式（4.10）：

$$\text{rincome}_{ij} = \alpha_0 + \alpha_1 \text{time}_{ij} + \alpha_2 \text{mgdp}_{ij} + \mu \qquad (4.10)$$

式中，time_{ij} 代表第 i 个区域与第 j 个区域的经济距离。本节沿用前述两地之间的实际交通时间来衡量①；rincome_{ij} 代表第 i 个区域与第 j 个区域的农民人均纯收入之比，作为因变量；mgdp_{ij} 代表第 i 个区域与第 j 个区域的经济密度之比；α_0 和 μ 分别是截距项和误差项。由于 time_{ij} 与 time_{ji} 相等，所以式（4.10）中仅选取了 i 大于 j 的样本。

通过计量估计得出了模型 10（表 4.7），各变量在模型中都显著。在控制了经济密度影响的条件下，经济距离越长，农民人均收入越少。该结果与预期一致，也进一步地验证了经济集聚对农民收入产生的空间溢出效应将随距离衰减。

表 4.7　经济距离、经济密度对农民收入影响的计量估计

	因变量：农民人均纯收入
	模型 10
经济距离	−0.19**
	(−2.22)
经济密度	0.03***
	(38.93)
截距项	1.13***
	(61.25)
观测值	2346
拟合优度	0.398

注：结果报告的是回归系数，括号内为 t 值。

** 表示 5% 水平显著；*** 表示 1% 水平显著。

4.2　本章小结

本章基于 Duranton 和 Puga（2004）、March（1994）的微观理论基础并通过空间 Durbin 模型的实证研究表明：当地的经济密度对农民收入的影响显著，其他区域经济密度与经济距离的共同作用产生了对农民收入的空间溢出效应。换言之，经济密度对于农民收入有正向显著的直接影响、空间溢出效应和总体

① 为使模型中的参数更直观，经济距离的单位是 10^{-3} 秒。

效应。没有考虑空间溢出效应的模型与空间 Durbin 模型相比，高估了当地经济密度对农民收入的影响，低估了经济密度对农民收入的总体效应。在控制了经济密度影响的条件下，经济距离越长，农民收入越少。

本章采用的经济密度是对经济集聚效果最简单、最直观的验证，但是这种衡量方法不能完全地展现出经济集聚对于农民收入的作用，特别是对于浙江省而言，经济集聚现象主要体现在中小企业的产业集聚上，如果能够从企业的角度来验证本章的结论，那么就能够强化本章结论的说服力。因此，后续的研究将在本章的基础上，从企业角度和产业集群角度进一步地深入研究经济集聚对于农民收入的影响。

5 外部性与农民增收：直接影响和空间溢出效应

第4章从宏观层面上研究了经济集聚对农民收入的直接影响和空间溢出效应。经济集聚通过外部性的作用机制影响农民收入，因此，第5章将从企业角度并通过考察货币外部性、技术外部性、MAR外部性和雅各布斯外部性的作用，进一步地探索经济集聚对农民收入的影响。

公共经济学理论认为个人追求自身利益会导致他人受益或受损，这种受益或受损被视为外部性。本章主要从空间经济学视角，介绍了外部性来源于经济活动中区域的空间依赖性。具体而言，区域经济活动可能因区域之间的相互作用而产生对其他区域（特别是相邻区域）的影响。以往的研究将外部性分为货币外部性和技术外部性，货币外部性又分为货币外部性Ⅰ和货币外部性Ⅱ，技术外部性又分为MAR外部性和雅各布斯外部性。这些研究往往聚焦于当地的不同外部性对劳动生产率的作用（Ciccone and Hall，1996；Davis and Weistein，1999；Glaeser et al.，1992；Hanson，2005；Redding and Venables，2004；范剑勇和石灵云，2009；张海峰和姚先国，2010）。

值得关注的是，中国农民收入增长现状与传统的经济理论存在着两个不一致的地方。传统的新古典经济增长理论在完全竞争和规模收益不变等假设基础上，认为经济增长将趋同、农民收入在区域间的差距将缩小；但中国已成为世界上经济发展差距最大的国家之一，各省农民人均纯收入的基尼系数从1990年的0.18增长到了2011年的0.21[①]。2011年农民人均纯收入最高的省级区域（上海市）是最低（甘肃省）的4.11倍，农民人均纯收入最高的5个省与最低的5个省之比也达到了3.01。另外在技术上，传统的计量经济学模型假设样本之间相互独立（Rey and Boris，2006），但实际上，样本之间特别是区域样本随着经济的一体化和空间溢出效应，其相互影响日益加大。造成这两个矛盾的原因在于，传统的经济学范式忽视了空间因素对经济活动的影响，以往的

① 根据历年《中国农业年鉴》中各省农民人均纯收入的数据计算得出。

研究很少考虑不同区域间的空间相关性；而实际上，人类活动所涉及的信息80%以上都属于空间信息（应龙根和宁越敏，2005）。按照 Tobler（1979）提出的“地理学第一定律”[①]，大多数样本特别是空间区域样本数据都具有或强或弱的空间相关性，距离越近则关系越紧密，这些空间因素必然会对经济增长带来实质性影响（Brakman et al.，2004）。随着交通和通信技术的快速发展，集聚的外部性不仅来源于当地，也受到了其他区域集聚的影响（Ke and Feser，2010）。因此，正如导论和第 2 章所言，将外部性的空间扩散性和随距离衰减特征纳入空间计量模型进行识别和估计成为有效捕捉空间外部性的理想方法（田相辉和张秀生，2013）。从计量经济模型的估计结果来看，如果不考虑这种区域样本之间的关系，那么将高估当地经济对农民收入的影响而低估经济对农民收入的总体影响。

本章将基于浙江省 1215 个乡镇的面板数据，探索货币外部性和技术外部性对于农民收入的直接影响和空间溢出效应。具体而言，本章将通过经济密度、企业规模[②]、企业数量来衡量货币外部性和技术外部性对农民收入增长的影响，并通过空间因素的引入来探索其他区域的企业对于当地农民收入的外部性。为了对行业进行明确的划分，本章将通过二位数、三位数和四位数的行业代码，采用浙江省经济普查中对 166023 家企业的调查数据，计算各乡镇的克鲁格曼专业化指数，以用于控制行业差异对外部性的影响，详细地分析 MAR 外部性和雅各布斯外部性对农民收入的影响。

本章的研究在以往的基础上，有三个大的改进：第一，采用了乡镇级的面板数据进行空间计量分析，不仅较以往的研究能更加精确地衡量外部性，并且有效地与浙江省块状经济中呈现出的“一村一品、一镇一业”特点相匹配；第二，通过行业代码计算各乡镇的克鲁格曼专业化指数，从行业维度较好地研究了经济的外部性；第三，选取了乡镇之间的交通时间的倒数作为空间权重矩

---

① 地理学第一定律认为任何事物之间均相关，离得较近的事物总比离得较远的事物的相关性要高。

② 也有研究将企业数量用于衡量企业的规模（殷醒民，1997），本章所述的企业规模特指企业产值规模。

阵①，使本章中的空间计量模型较以往的估计结果更加准确。

本章的第二部分介绍了浙江省的企业发展与农民收入变迁；第三部分是对货币外部性和技术外部性的实证分析；第四部分从行业维度研究了 MAR 外部性和雅各布斯外部性对农民收入的作用；最后是本章小结。

5.1 企业发展与农民收入的空间统计分析

正如第 3 章所述，最近二十多年，浙江省的经济总量快速增长，2011 年其 GDP 达到了 32318.85 亿元，位列全国第四，约占全国 GDP 总量的 6.8%②。浙江省的企业也发展迅速，2010 年与 1990 年相比，企业数量增长了 1 倍多，企业总产值增长了近 70 倍，企业总产值对 GDP 的贡献率为 1.2 左右，全国工商联公布的 2012 年度"全国民营企业 500 强"中浙江省占了 139 家。伴随着浙江省经济总量和企业的快速发展，该省的农民人均纯收入也迅速地提高：从 1990 年到 2011 年，农民人均纯收入增长了约 11.9 倍，年均增长率约 7.1%；2011 年，农民人均纯收入约 13071 元，是全国平均水平的约 1.9 倍。

可见，伴随着经济增长、企业发展，浙江省的农民收入快速增长，可以假定这三者之间有一定的相关性且不同的乡镇之间也有空间相关性，距离越近相关性越强。本章进一步地通过测算全域 Moran's Ⅰ指数验证了农民人均纯收入和经济密度、企业数量、企业规模的空间相关性。

表 5.1 是各变量的空间自相关全域 Moran's Ⅰ指数，这些指数都为正，并且都在 0.01 水平上显著。可见，各变量在各县域之间具有较大的相关性，但是不同的年份之间并没有明显的演变特征。由于该指数具有局限性③，因此这些都需要通过空间计量模型做进一步的分析。

① 交通时间是根据浙江省各乡镇的地理位置分布，通过谷歌地图查询到的两地行政中心之间驾驶机动车辆所需要消耗的时间。

② 国家统计局，《中国统计年鉴（2012）》，中国统计出版社，2012 年。

③ 详见第 3 章，在此不再赘述。

表 5.1　农民人均纯收入、企业规模和企业数量的空间自相关 Moran's Ⅰ指数

年份	农民人均纯收入	经济密度	企业规模	企业数量
2004	0.17	0.09	0.07	0.06
2005	0.12	0.09	0.05	0.06
2006	0.11	0.09	0.05	0.06

注：作者根据 2005 ~ 2007 年《浙江乡镇统计年鉴》计算。

5.2　货币外部性和技术外部性对农民收入影响的实证研究

通过对全域 Moran's Ⅰ指数的统计分析发现，乡镇企业的平均总产值、乡镇企业数量与农民收入在不同的乡镇之间具有一定的空间相关性，这种空间相关性，一定会在空间溢出效应的测度中显现出来（潘文卿，2012）。那么，乡镇企业的平均总产值、乡镇企业数量对农民纯收入到底是否有区域的空间溢出效应？这种空间溢出效应的作用到底有多大？这些需要进一步地通过严格的计量分析来估计和检验。

5.2.1　数据来源

本章拟回答的问题是乡镇企业的发展对农民收入的影响，其具体包括了直接影响和地区间的空间溢出效应。依据研究目标，本章选取了 2004 ~ 2006 年浙江省 1215 个乡镇的面板数据，并运用合适的空间计量模型进行参数估计，以实证检验该省的经济密度、企业规模、企业数量对农民收入的直接影响和空间溢出效应。采用的数据来源于 1991 ~ 2012 年浙江省的统计年鉴、各市历年的统计年鉴和 60 年统计资料汇编（1949 ~ 2009 年）以及 2005 ~ 2007 年的乡镇统计年鉴。

5.2.2　模型构建

第 4 章已经阐述了经济集聚对农民收入的微观作用机制，这些微观作用机制通过外部性的纽带来对农民收入产生影响，而这一纽带又通过不同的表现形式来实现这种影响。由此，本节得出了一个概念性模型框架，如图 5.1 所示。其中，微观作用机制包括了分享、匹配、学习、身份和环境，表现形式包括了货币外部性和技术外部性，而技术外部性又分为 MAR 外部性和雅各布斯外部性。

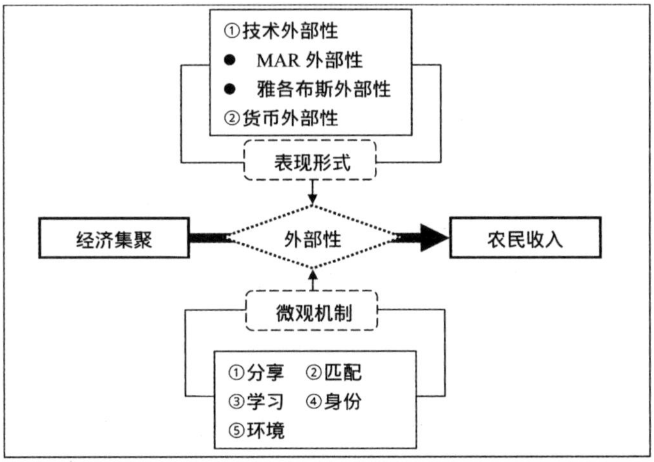

图 5.1 外部性对农民增收影响的概念性模型框架

在上述概念性模型的基础上，本节首先建立没有空间变量的回归方程：

$$\begin{aligned} \text{lnrincome} = \alpha_0 + \alpha_1 \text{lnmgdp} + \alpha_2 \text{lnperfirmoutput} + \alpha_3 \text{lnfirm} \\ + \alpha_4 \text{lnfirgdp} + \alpha_5 \text{lnexp} + \mu \end{aligned} \tag{5.1}$$

式中，lnrincome 代表农民人均纯收入的自然对数，作为因变量。

自变量选取 lnmgdp、lnperfirmoutput、lnfirm，分别代表经济密度、企业规模和企业数量的自然对数。采用经济密度来衡量货币外部性，经济密度代表了一个区域的经济集中程度，它不仅能够反映其他区域对该区域的市场需求，也能够在一定程度上体现出该区域对其他区域的市场供给能力。采用企业数量和企业规模来衡量技术外部性，将企业数量作为衡量产业外部性的指标，抓住了产业外部性在空间意义上的本质来源，即某个企业所处的产业外部环境取决于在该企业所处的特定区域内相同或不同行业的企业数量的多少，这种外部环境能够促进企业间的信息知识交流、劳动力市场的匹配与搜寻、共享基础设施、节省中间投入品的运输成本等（范剑勇和石灵云，2009）。在控制了就业数量保持不变的条件下，企业规模可以反映出企业的竞争能力，企业规模越大，竞争能力越强，越能促进规模效应，降低企业成本，提高劳动生产率。

控制变量选取 firgdp、lnexp，分别代表人均农业总产值和财政总支出的自然对数。财政总支出是指用财政支付各项费用的支出，包括用于乡镇行政管理的各项行政事业支出、上交国税和上级各级财政（含国税）的支出、支农支出、基建支出等。人均农业总产值采用乡镇农林牧渔业总产值除以乡镇总人口，乡镇农林牧渔业总产值是指以货币表现的农林牧渔业产品总量，它用价值量形式综合地反映出一定时期内农林牧渔业生产的总成果和总规模。农林牧渔业总产值采用“产品法”进行计算，即凡是有产品产量的，都按产品产量乘以其产品单价来求得每一种农产品的产值，然后将四业产品的产值相加求和。

α_0 是截距项，$\alpha_1 \sim \alpha_5$ 是待估参数，μ 是误差项。变量的具体说明见表 5. 2。

表 5. 2 变量说明

分类	变量名称	变量含义	单位
因变量	农民人均纯收入	乡镇农民人均纯收入	元
自变量	经济密度	乡镇经济密度	万元/千米^2
	企业规模	乡镇企业平均总产值	万元
	企业数量	乡镇企业数量	个
控制变量	人均农业总产值	乡镇人均农业总产值	万元
	财政支出	乡镇财政支出	万元

其他乡镇的经济发展状况对当地乡镇的农民收入也有重要意义。当一个区域的经济发展水平较高时，其经济总量规模往往较周边区域的产品需求大，这意味着该区域的经济发展对其周边区域有较强的带动作用（潘文卿，2012）。其他区域乡镇企业的发展，会给周边的农民带来更多的就业机会，不过也会对当地的乡镇企业产生竞争，让劳动力变得稀缺，使企业需要通过提高工资来获得更多的劳动力。为了将空间变量引入计量模型，本节采用了空间 Durbin 模型，其设定形式如下：

$$\text{lnrincome}_{it} = \delta \sum_{j=1}^{N} w_{ij}\text{lnrincome}_{jt} + X_{it}\beta + \sum_{j=1}^{N} w_{ij}X_{jt}\theta + \mu_i + \lambda_t + \varepsilon_{it} \quad (5.2)$$

式中，lnrincome_{it} 表示在 t 年 i 乡镇农民人均纯收入的自然对数；w_{ij} 代表空间权重的各要素；δ、β、θ 代表待估参数，X_{jt} 代表因变量和控制变量；ε_{it} 表示服从独立同分布的误差项，均值为 0，方差为 σ；μ_i 和 λ_t 分别表示空间和时间上的特定效应。

5. 2. 3 计量检验与结果分析

为了进行比较，本节首先对不考虑空间相关性的基本面板数据模型进行了 Hausman 检验，以在固定效应与随机效应估计方法中进行选择。其检验结果显示：Hausman 检验 $\chi^2 = 58.36$，在 1% 的显著性水平下拒绝固定效应与随机效应估计无差异的假设。因此，固定效应模型的估计方法相对更优。

表 5. 3 是两个模型的估计结果，模型 1 是不考虑空间溢出效应的回归模

型，采用最小二乘法（OLS）计算参数的估计值；模型2是考虑了空间溢出效应的Durbin空间面板回归模型，采用极大似然法（ML）计算参数的估计值。农民收入的增加可能会推动经济密度的提高，而经济密度可能存在内生性，因此本节采用乡镇行政面积作为工具变量、系统GMM方法进行估计得出了模型3。

表5.3 技术和货币外部性的估计结果

	因变量：ln（农民人均纯收入）		
	OLS	ML	GMM
	模型1	模型2	模型3
ln（经济密度）	0.16***	0.10***	0.11***
	(16.45)	(20.94)	(15.62)
ln（企业规模）	0.06***	0.02***	0.01
	(6.54)	(2.86)	(1.22)
ln（企业数量）	0.07***	0.04***	0.03***
	(6.75)	(7.54)	(6.41)
ln（人均农业总产值）	0.03***	0.01**	0.03***
	(5.20)	(2.18)	(5.41)
ln（财政支出）	0.08***	0.03***	0.04***
	(9.68)	(5.50)	(6.45)
ln（农民收入×W）		-0.01***	-0.01***
		(-9.30)	(-9.08)
ln（经济密度×W）		0.47***	0.62***
		(25.96)	(18.22)
ln（企业规模×W）		0.15**	-0.21***
		(2.35)	(-3.46)
ln（企业数量×W）		-0.14***	-0.20***
		(-5.84)	(-8.92)
ln（人均农业总产值×W）		0.06	0.02
		(1.24)	(0.58)
ln（财政支出×W）		-0.11***	0.02
		(-3.77)	(0.48)
截距项	6.28***	4.28***	4.51***
	(65.25)	(22.45)	(27.53)
观测值	3，438	3，409	3，409
拟合优度	0.25		0.78

注：结果报告的是回归系数，括号内为t值。

表示5%水平显著；*表示1%水平显著。

从表5.3中可以看出，当地和其他乡镇的经济密度对农民收入都有正向显著的影响，当地企业的数量对农民收入是正向显著的影响，其他乡镇企业的数量对农民收入是负向显著的影响。企业规模在模型 2 和模型 3 中的结果不太一致，从结果中可以发现：经济密度对农民收入有直接影响和空间溢出效应，这验证了前述的假设，即货币外部性对农民收入的显著影响。经济密度代表了一个地区的经济集聚程度，一个地区的经济密度越高，越可以带来更多的工作机会，也可以给农民带来更多的非农工作机会；同时，它也代表了该地区有更多的经济实力，可以实现涓滴效应，惠及农民和贫困人口。

企业数量对农民收入有正向的直接影响和负向的空间溢出效应，其原因在于乡镇企业数量越多，就越能够为农民提供更多的工作机会，因为农村劳动力在转移过程中，农民首先选择的是在本地非农就业，在无法实现本地非农就业的情况下才选择外地的非农就业机会（Zhao，1997；1999）。如果在本地能够有符合自己工资预期的、低门槛的工作机会，那么农民会更加愿意在本地寻找工作机会，并且他们还可能会充分地发挥企业家才能，在当地创业成为企业家。因此，乡镇企业数量对农民人均纯收入有直接影响，而其空间溢出效应为负。空间溢出效应为负可能在于其他区域的企业数量越多，就越产生了对当地企业的竞争；另外，乡镇企业数量代表的技术外部性往往有一定的作用范围，如 Duranton 和 Overman（2005）的研究发现技术外部性的作用发生在 50 公里以内，因此当超过技术外部性的范围后，空间溢出效应将可能产生不显著或与预期相反的结论。

理论上而言，乡镇企业规模越大，就越代表一个地区对劳动力的平均吸纳能力更强、提供的工资可能更高。当然也可能相应地对劳动力的要求更高，其他乡镇的企业规模越大，其产生的技术门槛就可能越高，那么农民可能就更愿意选择在当地就业。因此，如果乡镇企业规模符合农民收入的预期，并且其他区域的企业规模带来了高工资，那么就会产生正向的直接影响和空间溢出效应；然而，如果其他区域的高工资是建立在更高的技术门槛上的，那么农民可能因技术差异而产生负向的空间溢出效应。

上述结论在一定程度上验证了货币外部性和技术外部性产生的效果，由于技术外部性往往是在行业层面来探讨专业化和多样化产生的外部性，因此本章需要对行业进行更好的控制，才能更加明晰外部性对农民收入的影响。

5.3　MAR 外部性和 Jacobs 外部性对农民收入影响的实证研究

为了区分不同地区的产业专业化程度，本节引入了克鲁格曼专业化指数。克鲁格曼专业化指数代表了一个地区产业的相对专业化程度，该指数越高就代表该地区产业的专业化程度越高，产业之间的关联性也越强。

本节根据克鲁格曼（Krugman，1991）对就业专业化程度的衡量方法，将式（5.3）用于衡量专业化指数：

$$KI_i = \sum_{l=1}^{n} \left| \frac{s_i^l}{s_i} - \frac{s_T^l}{s_T} \right| \tag{5.3}$$

式中，s_i^l 代表乡镇 i 中行业 l 的就业人数；s_i 代表乡镇 i 的总就业人数；s_T^l 代表浙江省整个区域中行业 l 的就业人数；s_T 代表浙江省整个区域的总就业人数；KI_i 代表乡镇 i 的克鲁格曼专业化指数，取值是 0 ~ 2，0 代表乡镇 i 的行业结构与全省的行业结构完全相同，2 代表乡镇 i 的行业结构与全省的行业结构完全不同。本节采用二位数、三位数和四位数的行业代码分别计算了对应的克鲁格曼专业化指数。

行业代码来源于《国民经济行业分类和代码》。《国民经济行业分类》标准于 1984 年首次发布，之后分别于 1994 年、2002 年和 2011 年进行了三次修订，本节中的行业代码采用了 2002 年修订后的标准。行业代码将经济活动划分为门类、大类、中类和小类四级，门类采用英文字母编码，大、中、小类分别对应了二位数、三位数和四位数的代码（图 5.2）。

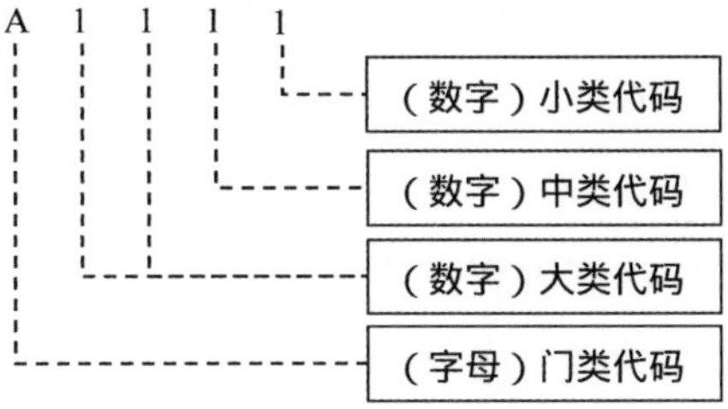

图 5.2　国民经济行业分类结构代码图

资料来源：石灵云（2010，P.49）

通过浙江省 2004 年经济普查对 166023 家企业的调查数据，本节得出了各乡镇的克鲁格曼专业化指数；同时，在前述模型的基础上，本节将克鲁格曼专业化指数数据与 2004 年乡镇数据匹配并形成了一个新的横截面数据。通过添加克鲁格曼专业化指数作为一个重要的因变量，进一步地对空间的技术外部性区分了行业对农民收入的影响，从 MAR 外部性和雅各布斯（Jacbos）外部性两个方面分析了技术外部性；其中，克鲁格曼专业化指数用于衡量 MAR 外部性。

在控制了专业化水平的条件下，企业规模和企业数量这两个变量主要被用于衡量雅各布斯外部性，即多样性带来的技术外部性。

如表 5.4 所示，模型 4 是基本模型，模型 5 是空间 Durbin 模型。从表 5.4 的估计结果中可以看出：经济密度对农民收入有正向的直接影响和空间溢出效应；企业数量对农民收入有正向的直接影响和负向的空间溢出效应，这与模型 1 ~ 模型 3 的结果一致；乡镇企业规模对农民收入有正向的直接影响和负向的空间溢出效应，这与预期和模型 3 保持一致。但是克鲁格曼专业化指数的直接影响并不显著，其原因可能在于四位数的行业代码被分类后，将行业划分得十分细（共有 508 个行业）。因此，本节采用三位数的行业代码和二位数的行业代码进行空间 Durbin 模型分析，得出了模型 6 和模型 7。

通过对比模型 4 ~ 模型 7，可以看出经济密度、企业数量和企业规模的结果都一致，证明这些模型都很稳健。克鲁格曼专业化指数对农民收入有正向的直接影响和负向显著的空间溢出效应，从结果中可以发现：当引入了克鲁格曼专业化指数后，即在控制了行业影响的情况下，经济集聚货币外部性的直接影响和空间溢出效应以及企业规模和企业数量对农民收入都有直接的显著性影响，但是空间溢出效应为负。可见 MAR 外部性和雅各布斯外部性都对当地农民收入产生了影响，因为农民可以通过低的准入门槛在专业化分工中找到一个合适自己的位置以从事非农劳动；但是 MAR 外部性和雅各布斯外部性的空间溢出效应为负，其原因在于社会网络根植性（embeddedness）、地方保护主义等的存在，技术外部性的作用范围一般发生在一定的区域，因此对于异地的农民而言，需要通过较高的准入门槛才能进入该经济集聚区域。Fu（2007）认为 MAR 外部性和雅各布斯外部性的作用范围仅为 6 英里的结论也印证了该结论的合理性。

另外值得一提的是，当采用四位数的行业代码时，克鲁格曼专业化指数的直接影响并不显著；而当采用三位数的行业代码和二位数的行业代码时，显著性提高。其原因在于四位数的行业代码涉及了 508 个行业而三位数的行业代码仅有 185 个行业、二位数的行业代码仅有 38 个行业。这进一步证明了虽然在各区域内部其行业有明确的分工，但是对于整个区域而言，行业是一定意义上的大类行业，其产业范围不是完全的专业化而是接近于多样化的一个状态，因此这样可能既有分工带来的效率提升，又不至于使区域产业因完全同化而造成恶性竞争，从而促进了农民增收。

通过上述结论，我们可以得出推论：农民的资产专用性较低，导致农民在不同低技能、低门槛的工作流动性和地域流动性也非常强。因此，对于农民而言，经济的地理集聚更重要，而不一定是行业专业化的集聚；同时，行业的低门槛比行业的类型更重要。在后续章节的研究中，将进一步地验证该结论。

表 5.4 采用克鲁格曼指数的估计结果

		四位数	三位数	二位数
	模型 4	模型 5	模型 6	模型 7
ln（经济密度）	0.15***	0.10***	0.10***	0.10***
	(22.50)	(13.25)	(13.23)	(13.24)
ln（企业规模）	0.02**	0.02**	0.02**	0.02**
	(2.25)	(2.32)	(2.25)	(2.11)
ln（企业数量）	0.04***	0.06***	0.06***	0.06***
	(7.81)	(9.20)	(9.18)	(9.07)
ln（克鲁格曼指数）	−0.02	0.08	0.14*	0.12***
	(−0.20)	(0.84)	(1.76)	(3.06)
ln（农业总产值）	0.07***	0.07***	0.07***	0.07***
	(7.88)	(7.33)	(7.37)	(7.35)
ln（农民收入×W）		3.40***	3.29***	3.05***
		(8.42)	(8.23)	(7.70)
ln（经济密度×W）		0.19	0.24*	0.35***
		(1.45)	(1.93)	(2.88)
ln（企业规模×W）		−0.33***	−0.33***	−0.40***
		(−2.75)	(−2.70)	(−3.35)
ln（企业数量×W）		−0.39***	−0.39***	−0.41***
		(−7.49)	(−7.47)	(−7.68)
ln（克鲁格曼指数×W）		−3.01***	−2.96***	−2.72***
		(−9.90)	(−9.70)	(−9.15)
ln（农业总产值×W）		−1.16***	−1.15***	−1.11***
		(−9.55)	(−9.35)	(−8.96)
截距项	7.16***	−19.92***	−19.50***	−17.8***

续表

	模型 4	四位数 模型 5	三位数 模型 6	二位数 模型 7
截距项	(183. 39)	(-7. 39)	(-7. 21)	(-6. 66)
观测值	1，064	1，056	1，056	1，056
拟合优度	0. 747	0. 793	0. 793	0. 792

注：结果报告的是回归系数，括号内为 *t* 值。

* 表示 10% 水平显著；* * 表示 5% 水平显著；* * * 表示 1% 水平显著。

5. 4　本章小结

本章选取了 2004 ~ 2006 年浙江省 1215 个乡镇的面板数据，通过空间 Durbin 模型，实证分析了货币外部性和技术外部性的直接影响和空间溢出效应。实证研究表明：货币外部性对农民收入有正向显著的直接影响和空间溢出效应；技术外部性对农民收入有正向显著的直接影响，但是对农民收入的空间溢出效应可能为负。通过控制行业影响，本章进一步地将技术外部性分为了 MAR 外部性和雅各布斯外部性，并且研究发现 MAR 外部性和雅各布斯外部性对农民收入存在着正向显著的直接影响和负向显著的空间溢出效应。

6　产业集群与农村反贫困：直接影响和空间溢出效应

发展经济学研究的是如何从贫困走向富裕，这里有两个维度值得思考。第一，时间。时间上的脱离贫困需要依赖于对经济要素的投入，进而促进经济产出的持续增长。第二，空间。空间上的脱离贫困需要通过要素流动和基础设施建设、人力资本投入等，以增加经济密度、缩短经济距离、打破市场分割（世界银行，2009b）。这两个维度都指向了同一个重点——经济集聚对贫困的影响。本章在前面章节的实证基础上，将进一步聚焦于对产业集群的研究，以探寻产业集群对农村反贫困的影响。

产业集群作为经济集聚的重要形式，对贫困的减少起到了重要作用。现有的研究中，介绍产业集群对贫困作用的实证文章较少。Nadvi 和 Barrientos（2004）认为研究产业集群对于贫困减少的作用是一个尚待开发的课题，他们从三个角度分析了这个作用。①集群特征。某个集群类型往往会对贫困产生更直接的影响，如农村集群、城市非正式集群、中小企业集群、微型企业或家庭作坊集群、劳动密集型产业集群、雇员是女性、农民工或非技术工人的集群。②集群进程。经济集聚的规模效应减少了交易费用，提高了雇员的能力。③集群动态。通过联合行动提高了当地企业的能力，减少了外部冲击带来的风险。Fowler 和 Kleit（2013）是最先可能也是目前唯一系统性地验证了产业集群与贫困关系的学者。他们基于美国的县级横截面数据，通过空间误差模型，在控制了人口因素、当地经济因素、当地地理因素和空间因素的条件下，得出了在全国范围内中小城市中产业集群的数量、深度对于贫困的减少有正向显著影响的结论，但是在大城市中，产业集群的数量对于贫困的减少并不显著。Long 和 Zhang（2011）对产业集群绩效的实证研究文章，虽然不是直接研究产业集群与贫困，但是他们基于中国微观数据对产业集群的研究是以往研究中较少涉及的。他们通过对中国 1995 年工业普查和 2004 年经济普查中企业级微观数据的研究发现中国产业集群发展良好的地区，其企业有更好的出口和全要素增长。

正如文献综述中所提及的，产业集群将通过多种方式对贫困产生影响，其中主要是通过参与到产业集群中来获得工作机会和非农收入；通过产业集群的外部性，使得当地农民获得了更便利的基础设施，获得了因区域经济发展而带来的涓滴效应。Fowler 和 Kleit（2013）在此基础上补充了人口迁移将导致贫困区域人口基数的减少或增加，进而可能增加或者减少贫困发生率。虽然他们的文章为研究产业集群对贫困的作用提供了很好的理论基础和实证参考，但是美国以一体化大企业集聚的产业集群发展模式与中国以中小企业集聚的产业集群发展模式差异较大，两者的经济社会、资源禀赋条件和贫困状况也差异较大，那么具有中国特色的产业集群对于贫困减少的作用如何呢？本章将基于中国的县级数据和农户微观数据并从两个层面进行研究：一是从县级层面研究产业集群的数量、类别和集聚度对农民收入的影响；二是从农户层面研究产业集群的数量、类别和集聚度对农民收入、贫困减少的影响。

6.1　概念性模型

在文献综述以及第 4 章和第 5 章理论模型的基础上，本章基于世界银行（2000）的框架，强调了产业集群在提供机会、增强能力、促进赋权和加强安全保障四个维度中的作用（图 6.1）。其中，产业集群通过分享和匹配机制，为农民提供了低门槛的工作，让贫困农民获得了就业机会和技能的提升；通过学习机制，在干中学或知识外溢的过程中，贫困农民增强了就业能力；通过身份获得，贫困农民拥有了就业机会、增强了能力，并且拥有了工人身份后，他们可以在一定程度上享有企业提供的五险一金等劳动保障和法制保障的福利，同时能够获得相应的就业、生活、政治权利，减少了因病致贫、失业等风险，获得了一定程度上的安全保障。贫困农民所处的产业集群的环境也为其提供了一定的权利和安全保障，如基础设施、生活条件和社会治安的改善，并且这个环境强调了不管他们是否在该环境中获得了就业机会，都能够获得工人身份。

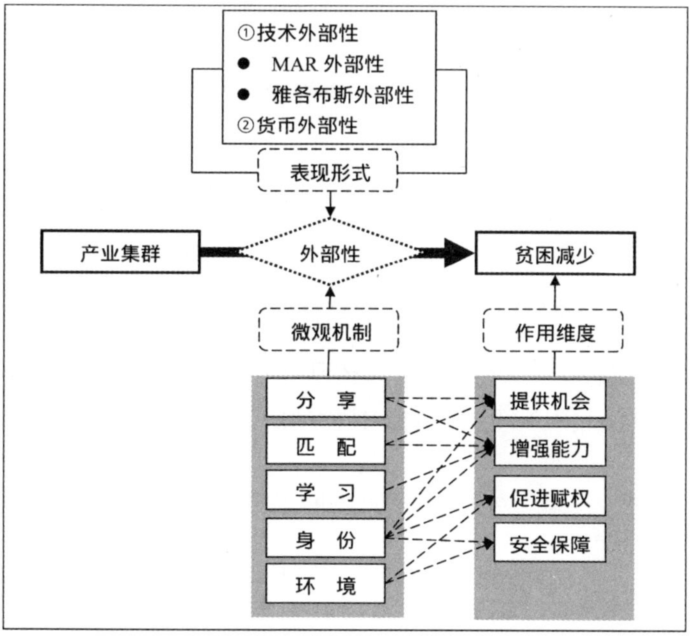

图 6.1　产业集群对农民增收、农村减贫影响的概念性模型框架

6.2　产业集群与农村反贫困——县级层面实证分析

首先，本节将在县级层面研究产业集群对农村贫困减少的作用。县作为地区性行政单位，在中国财政和税收方面发挥着关键性作用（张晓波和阮建青，2011，P. 44）。基于县级层面的研究，能够更加精确地对产业集群和农村反贫困进行衡量和探究。

6.2.1　数据来源

产业集群与农村反贫困的县级层面数据来源于《浙江统计年鉴》，用于对产业集群相关指标进行计算的数据来源于第一次和第二次经济普查中的微观数据。具体而言，通过利用 2004 年和 2008 年经济普查中的微观数据计算产业集群的各指标，并将该数据与浙江省 69 个县的统计数据相匹配，构成了 69×2 的面板数据。需要强调的是，目前政府和各学术机构公开的数据库中没有浙江省县级贫困人口和贫困发生率等统计数据，因此本章仍然采用农民收入来作为衡量贫困的一个重要指标。

6.2.2 计量模型

本节的计量模型延续了第 4 章的计量模型，并将产业集群作为其中的一个重要指标放入了模型中：

$$\text{lnrincome} = \alpha_0 + \alpha_1 \text{lncluster} + \alpha_2 \text{lnmgdp} + \alpha_3 \ln S + \alpha_4 \text{lntinput} + \alpha_5 \text{lnpfirgdp} + \mu \tag{6.1}$$

式中，cluster 是按照不同的标准对产业集群的衡量。

另外，本节也进一步地采用空间 Durbin 模型来衡量其他区域产业集群的发展对于当地农民收入产生的影响，其模型的设定形式如下：

$$\begin{aligned} \text{lnrincome}_{it} = {} & \alpha_0 + \delta \sum_{j=1}^{N} w_{ij} \text{lnrincome}_{jt} + \alpha_1 \text{lnmgdp}_{it} + \alpha_2 \text{lncluster}_{it} \\ & + \alpha_3 \ln S_{it} + \alpha_4 \text{lntinput}_{it} + \alpha_5 \text{lnpfirgdp}_{it} \\ & + \beta_1 \sum_{j=1}^{N} w_{ij} \text{lnmgdp}_{jt} + \beta_2 \sum_{j=1}^{N} w_{ij} \text{lncluster}_{jt} \\ & + \beta_3 \sum_{j=1}^{N} w_{ij} \ln S_{jt} + \beta_4 \sum_{j=1}^{N} w_{ij} \text{lntinput}_{jt} \\ & + \beta_5 \sum_{j=1}^{N} w_{ij} \text{lnpfirgdp}_{jt} + \mu_i + \lambda_t + \varepsilon_{it} \end{aligned} \tag{6.2}$$

式中，$\sum_{j=1}^{N} w_{ij} \text{lncluster}_{jt}$ 表示在 t 年除 i 区域以外的其他区域农民人均纯收入的自然对数的加权和，权重 w_{ij} 代表 i 区域到 j 区域的经济距离的倒数。

6.2.3 计量检验与结果分析

在正式的计量估计之前，本节先比较了拥有产业集群的县和没有产业集群的县所对应的农民人均纯收入的平均值。可见拥有产业集群与没有产业集群的县其农民人均纯收入的平均值相差了 2333.48 元，该差异较明显，并且在 0.001 水平上显著。

表 6.1　产业集群组与非产业集群组农民人均纯收入的差异

组别	观测值	农民人均纯收入平均值/元	标准差
非集群组	27	5347.15	384.89
集群组	111	7680.63	253.58
均值差异显著性检验 P 值：小于 0.001			

1. 产业集群数量衡量产业集群水平

产业集群的衡量方法很多，不同的方法有各自的优劣势，本节首先采用产业集群数量来作为衡量产业集群的指标。其衡量方法与第3章相同，即按照四位数行业代码的标准，若某区域内同一行业的企业数量大于50个且企业年总产值大于10亿元，那么就认为在该区域的该行业中存在着一个产业集群。模型1是不考虑空间溢出效应的回归模型，模型2是考虑了空间溢出效应的空间Durbin面板回归模型（表6.2），通过模型2可以得出各自变量的直接影响、空间溢出效应和总体效应（表6.3）。

可见，当考虑了空间溢出效应后，当地的集群数量对农民收入有正向显著的影响，而其他区域的集群数量对农民收入也有正向影响但并不显著。其原因在于，如第5章所述，产业集群产生的外部性有一定的作用范围，超过了该范围可能就影响微弱了。另外，从现实产业集群中的就业结构来看，可以将当地农民分为两类：第一类是在产业集群中拥有稳定工作的，这类农民可能已经是企业家，他们所拥有的专业技术水平高、资产专用性强，因此流动性不强，其他区域的产业集群对他们影响微弱；第二类是资产专用性较低的，这类农民在不同低技能、低门槛工作中的工作流动性和地域流动性也非常强，因此对于这类农民而言，经济的地理集聚更重要而不一定是行业专业化的集聚，同时行业的低门槛比行业的类型更重要。

当然，集群的界定方法和收入的衡量方法可能也会造成一定的影响，后续的研究将进一步地验证。

表6.2　采用产业集群数量估计结果

	因变量 ln（农民人均纯收入）	
	模型1	模型2
	OLS	ML
ln（经济密度）	0.44***	0.04
	(6.66)	(1.12)
ln（工业化率）	-0.20	0.28***
	(-1.22)	(3.56)
ln（集群数量）	0.01	0.04***
	(0.48)	(3.50)
ln（资本密集度）	0.42**	0.42***
	(2.64)	(6.41)
ln（人均农业总产值）	1.75***	0.71***
	(3.39)	(3.14)

续表

	因变量 ln（农民人均纯收入）	
	模型 1	模型 2
	OLS	ML
ln（农民收入）×w		-1.03
		(-0.82)
ln（经济密度）×w		0.38
		(0.26)
ln（工业化率）×w		-8.26***
		(-2.86)
ln（集群数量）×w		0.30
		(0.95)
ln（资本密度）×w		14.68***
		(4.93)
ln（人均农业总产值）×w		-10.00
		(-1.16)
截距项	8.18***	
	(16.70)	
观测值	138	138
拟合优度	0.93	0.34

注：结果报告的是回归系数，括号内为 t 值。

表示 5% 水平显著；*表示 1% 水平显著。

表 6.3　采用产业集群数量的直接影响、空间溢出效应和总体效应

	直接影响	空间溢出效应	总体效应
ln（经济密度）	0.04	0.002	0.04
	(1.07)	(0.00)	(0.05)
ln（工业化率）	0.30***	-3.10	-2.80
	(2.72)	(-0.72)	(-0.64)
ln（产业集群数量）	0.04***	0.02	0.06
	(3.00)	(0.08)	(0.19)
ln（资本密集度）	0.48	10.67	11.15
	(0.55)	(0.19)	(0.20)
ln（人均农业总产值）	0.64	-12.93	-12.29
	(0.46)	(-0.15)	(-0.14)

注：括号内为 t 值。

***表示 1% 水平显著。

2. 赫芬达尔指数衡量产业集群水平

库姆斯等（中译本，2011，P. 204-205）提出了理想空间集聚指数的性质：

第一，能够在行业之间进行比较，对于行业分类的任意改变是无偏的；第二，能够在不同的空间尺度之间进行比较，对于空间尺度的任意改变是无偏的；第三，能够对应稳定的维度（时间、区域或行业），即是对应时间集聚度、区域集聚度还是行业集聚度；第四，能够确定在观察到的分布与它的维度之间是否存在着显著差异的问题。虽然正如库姆斯等（中译本，2011，P. 218）所述，理想的空间集聚指数至今没有被建立，但是通过选取不同的空间集聚指数，可以相互弥补各自的缺陷，以全面地衡量空间的经济集聚。

一般的指数都主要用于衡量产业和区域的集聚度，针对本书研究的问题，本节主要采用了区域集聚度的衡量指标。按照上述性质，本节选取了两个典型的集聚度衡量指数：赫芬达尔指数和 EG 指数。

赫芬达尔指数是衡量市场结构的一个常用指标，对于区域的集聚度而言，其衡量方式如下：

$$\mathrm{HHI}_i = \sum_{j=1}^{n}\left(\frac{s_{ij}}{s_i}\right)^2 \tag{6.3}$$

式中，HHI_i 代表区域 i 的赫芬达尔指数，s_{ij} 是区域 i 行业 j 的就业人数，s_i 是区域 i 中所有行业的就业人数，因此某区域的赫芬达尔指数代表了该区域中所有行业各自市场份额的平方和，该指数大于 0 且小于该区域行业数量的倒数。

由于工业化率与产业集群的发展水平可能密切相关，因此模型中取消了工业化率这一自变量。模型 3 是不考虑空间溢出效应的回归模型，模型 4 是考虑了空间溢出效应的空间 Durbin 面板回归模型（表 6.4）。通过 OLS 估计得到了模型 3，ML 估计得到了模型 4，并且通过模型 4 得出了各自变量的直接影响、空间溢出效应和总体效应（表 6.5）。

从模型的估计结果可以看出，赫芬达尔指数对农民收入的直接影响和空间溢出效应都为正，但是直接影响并不显著而总体效应是显著为正的。

从集群数量和赫芬达尔指数两种衡量方法的估计结果来看，两者都呈现出了正向的直接影响、空间溢出效应和总体效应；但是显著性不太统一。其原因可能在于：赫芬达尔指数不能判断出企业内部的规模，容易忽视以中小企业为主的浙江产业集群；另外，该指数取决于定义区域和行业的方式，所以违背了上述的第一和第二个性质。

表 6.4　采用赫芬达尔指数估计结果

	因变量 ln（农民人均纯收入）	
	模型 3	模型 4
	OLS	ML
ln（经济密度）	0.45***	0.07*
	(6.81)	(1.90)
赫芬达尔指数	0.15	0.03
	(0.81)	(0.29)
ln（资本密集度）	0.36**	0.53***
	(2.42)	(8.24)
ln（人均农业总产值）	1.79***	0.55**
	(3.53)	(2.31)
ln（农民收入）×w		−0.96
		(−0.82)
ln（经济密度）×w		−0.84
		(−0.59)
赫芬达尔指数×w		6.89***
		(2.72)
ln（资本密度）×w		18.05***
		(5.22)
ln（人均农业总产值）×w		−7.77
		(−0.91)
截距项	8.36***	
	(18.45)	
观测值	138	138
拟合优度	0.93	0.28

注：结果报告的是回归系数，括号内为 t 值。

* 表示 10% 水平显著；* * 表示 5% 水平显著；* * * 表示 1% 水平显著。

表 6.5　采用赫芬达尔指数的直接影响、空间溢出效应和总体效应

	直接影响	空间溢出效应	总体效应
ln（经济密度）	0.07**	−0.26	−0.19
	(2.29)	(−0.44)	(−0.32)
赫芬达尔指数	0.01	2.35 * *	2.36**
	(0.10)	(2.20)	(2.21)
ln（资本密集度）	0.49***	5.73**	6.22***
	(5.51)	(2.43)	(2.59)
ln（人均农业总产值）	0.58**	−3.27	−2.69
	(2.32)	(−0.95)	(−0.78)

注：括号内为 t 值。

* * 表示 5% 水平显著；* * * 表示 1% 水平显著。

3. EG 指数衡量产业集群水平

为了进一步验证模型的稳健性以及明确集群对农民收入的作用，本节采用了目前更加精确的 EG 指数。该指数是由 Ellison 和 Glaeser（1997）设定，它被认为是对产业集聚的开创性研究（库姆斯等，中译本，2011，P. 204）。EG 指数兼具了基尼系数和赫芬达尔指数的优点，不仅控制了区域规模对产业集聚程度的影响，也剔除了产业的市场集中度对产业集聚程度的影响，使得计算结果在行业、地区和时间上更具可比性，较好地符合了上述第一～第四个性质（不是完全符合）。

EG 指数最初用于衡量行业的集中程度，本节根据研究内容，将其修订为衡量区域的集中程度。该指数主要包括了原始集中系数和赫芬达尔系数，原始集中系数用于测度各区域的现实集中程度，其表达式如下：

$$G_i = \sum_{j=1}^{n} (x - s)^2 \tag{6.4}$$

式中，x 是全省行业 j 的就业人数占全省就业人数的比例；S 是区域 i 行业 j 的就业人数占该区域就业人数的比例。

$$H_i = \sum_{k=1} {Z_{ki}}^2 \tag{6.5}$$

EG 指数还包括了区域赫芬达尔指数。H 是区域赫芬达尔指数，Z 采用了企业 k 的职工人数占所在区域 i 就业人数的比重。

由此，最终的 EG 指数表达式如下：

$$E_i = \frac{G_i - (1 - \sum_{j=1}^{n} x^2)H}{(1 - \sum_{j=1}^{n} x^2)(1 - H)} \tag{6.6}$$

式中，x 是全省行业 j 就业人数占全省就业人数的比例；G_i 是原始集中系数；H 是区域赫芬达尔系数。

通过 EG 指数衡量产业集聚程度，模型 5 是不考虑空间溢出效应的回归模型，模型 6 是考虑了空间溢出效应的空间 Durbin 面板回归模型（表 6.6），通过 OLS 估计可以得到模型 5、ML 估计可以得到模型 6，通过模型 6 可以得出各自变量的直接影响、空间溢出效应和总体效应（表 6.7）。

可见，EG 指数从直接影响、空间溢出效应和总体效应来说都是正向显著的，这验证了本章的预期假定并与第 4 章的结论一致，当地和其他地方的产业集群都能够对当地农民收入产生正向显著的影响。

表 6.6 采用 EG 指数估计结果

	因变量 ln（农民人均纯收入）	
	模型 5	模型 6
	OLS	ML
ln（经济密度）	0.47 * * *	0.11 * * *
	(7.07)	(2.75)
ln（EG 指数）	0.01	0.01 * *
	(1.14)	(2.32)
ln（资本密集度）	0.38 * *	0.55 * * *
	(2.52)	(8.52)
ln（人均农业总产值）	1.64 * * *	0.42 *
	(3.19)	(1.77)
ln（农民收入）×w		−2.15
		(−1.46)
ln（经济密度）×w		1.21
		(0.70)
ln（EG 指数）×w		0.54 * * *
		(2.62)
ln（资本密度）×w		17.28 * * *
		(5.65)
ln（人均农业总产值）×w		−10.74
		(−1.24)
截距项	8.56 * * *	
	(18.69)	
观测值	138	138
拟合优度	0.93	0.73

注：结果报告的是回归系数，括号内为 t 值。

* 表示 10% 水平显著；* * 表示 5% 水平显著；* * * 表示 1% 水平显著。

表 6.7 EG 指数的直接影响、空间溢出效应和总体效应

	直接影响	空间溢出效应	总体效应
ln（经济密度）	0.10 * * *	0.22	0.33
	(3.02)	(0.47)	(0.68)
ln（EG 指数）	0.01 *	0.13 * * *	0.14 * * *
	(1.83)	(2.81)	(3.04)
ln（资本密集度）	0.47 * * *	3.81 * *	4.28 * *
	(5.61)	(2.27)	(2.51)
ln（人均农业总产值）	0.48 * *	−2.86	−2.38
	(2.01)	(−1.19)	(−0.99)

注：括号内为 t 值。

* 表示 10% 水平显著；* * 表示 5% 水平显著；* * * 表示 1% 水平显著。

6.3 产业集群与农村反贫困——农户层面实证分析

正如本章县级层面的实证分析中所述，由于数据限制，本章采用收入来衡量贫困，并且县级层面的收入实际上是平均收入。这虽然能够在一定程度上验证产业集群对反贫困的作用，但是为了更加精确地进一步验证，本章后续将采用微观数据来进行实证分析。

6.3.1 数据来源

用于对产业集群相关指标进行计算的数据来源于第一次和第二次经济普查中的微观数据，农户层面的微观数据来源于2004年和2008年浙江省农村固定观察点数据。

6.3.2 计量模型

浙江省作为发达省份，在1997年已经成为中国第一个消灭“贫困县”的省份，其贫困线已经大大提高。因此，本节将采用所有农民收入平均值的50%来作为贫困线。为了便于比较，2004年和2008年的贫困线保持不变，该贫困线是经济合作与发展组织（OECD）在1976年提出的，是当前被广泛运用的贫困标准：低于该贫困线的人群为贫困人口，高于该贫困线的人群为非贫困人口。在此基础上，本节采用面板的二元Logistic模型进行参数估计。

Logistic模型又称为对数单位（logit unit）模型，采用了逻辑概率分布函数，其表现形式为

$$P_i = F(Y_i) = F(\alpha + \beta X_i) = \frac{1}{1 + \exp^{-Y_i}} = \frac{1}{1 + \exp^{-(\alpha+\beta X_i)}} \tag{6.7}$$

式中，exp是自然对数的底；$Y_i = \alpha + \beta X_i$，α和β分别是截距项和待估参数；X是自变量，对于给定的X_i，P_i是事件发生的概率。

本节设定的因变量为贫困发生的概率，是0-1型变量，即农户为贫困人口时，赋值为1；农户为非贫困人口时，赋值为0。设$y=1$时概率为p，则y的分布函数为

$$f(y) = p^y(1-p)^{1-y};\ y = 0,\ 1 \tag{6.8}$$

因此，由上述两式可以得出回归函数为

$$\text{logitp} = \ln\frac{p}{1-p} = \alpha + \sum_{i=1}^{n}\beta_i x_i \tag{6.9}$$

式中，$\frac{p}{1-p}$为相对风险（或 odds），它是被关注事件的发生概率与不发生概率之比；β_i是对应各变量的待估参数。如果 $p>0.5$，那么可以预测该事件发生；否则预测不发生。由此得出计量模型：

$$\text{logit}(\text{poverty}_{it}) = \alpha_0 + \beta_1\text{cluster}_{it} + \beta_2\sum_{j=1}^{N}w_{ij}\text{cluster}_{jt} + \beta_3\text{age}_{it} + \beta_4\text{edu}_{it} + \beta_5\text{pop}_{it} + \beta_6\text{land}_{it} + \beta_7\text{capital}_{it} + \mu \tag{6.10}$$

式中，自变量选取了当地产业集群数量 cluster 和其他区域产业集群数量的经济距离倒数的加权和 $\sum_{j=1}^{N}w_{ij}\text{cluster}_{jt}$，控制变量选取了户主年龄（age）、户主文化程度（edu）、家庭人口数（pop）、家庭拥有耕地（land）、家庭资产（capital）。

模型 7 和模型 8 是采用了面板的二元 Logistic 模型，因变量为是否贫困。其中模型 7 以 2004 年农民平均收入的 50% 即 10234 元作为贫困线，模型 8 以 2008 年农民平均收入的 50% 即 12042.48 元作为贫困线。为了让模型稳健，模型 9 采用了面板固定效应模型，因变量采用了农民人均纯收入的自然对数。

6.3.3 计量检验与结果分析

表 6.8 产业集群与贫困减少估计结果

	是否贫困（2004）	是否贫困（2008）	ln（农民纯收入）
	Logit	Logit	Fe
	模型 7	模型 8	模型 9
户主年龄	0.02**	0.02**	-0.005
	(2.41)	(2.18)	(-0.96)
户主文化程度	-0.04	-0.05*	0.05***
	(-1.44)	(-1.66)	(3.19)
户主性别	0.06	0.11	-0.12
	(0.18)	(0.35)	(-0.64)
家庭人口数	0.25***	0.24***	-0.12***
	(3.62)	(3.76)	(-3.33)
家庭拥有耕地	0.11**	0.09**	-0.04

续表

	是否贫困（2004）	是否贫困（2008）	ln（农民纯收入）
	Logit	Logit	Fe
	模型 7	模型 8	模型 9
	(2.35)	(2.13)	(-1.39)
家庭资产	-3.7E-05***	-3.5E-05***	2.9E-06***
	(-5.38)	(-6.01)	(8.97)
产业集群数量	-0.01**	-0.01***	0.01**
	(-2.00)	(-2.61)	(2.32)
其他区域产业集群数量	-0.25***	-0.24***	0.16***
	(-3.96)	(-4.61)	(4.97)
截距项	-0.72	-0.23	9.17***
	(-0.92)	(-0.31)	(21.22)
观测值	975	975	974
拟合优度			0.28

注：结果报告的是回归系数，括号内为 *t* 值。

* 表示 10% 水平显著；** 表示 5% 水平显著；*** 表示 1% 水平显著。

可见，模型 7 ~ 模型 9 都得出了一致结果：当地产业的集群数量对贫困发生有负向显著的影响，即当地产业集群越多其农民越不可能成为贫困人口，其他地区的产业集群数量对贫困发生率有负向显著的影响。当地其他地区的产业集群数量都对农民收入增长有正向显著的影响。

6.3.4 稳健性检验和内生性问题处理

产业集群数量是目前最直观、最简单的衡量产业集群发展水平的指标，其估计结果是真实有效的。为了更加谨慎地得出该结论，本节采用经济密度来替代产业集群数量，并估计出了模型 10 和模型 11（表 6.9）。模型 10 的因变量是农民人均纯收入，模型 11 的因变量是是否贫困，贫困线按照 2004 年的收入划分。模型 10 和模型 11 的估计结果与前述模型一致，可见这两个模型是稳健的。

表 6.9 经济密度对农民收入的稳健性检验

	因变量：ln（农民纯收入）	因变量：是否贫困（2004）
	模型 10	模型 11
户主年龄	-0.003	0.02*
	(-0.62)	(1.87)

续表

	因变量：ln（农民纯收入）	因变量：是否贫困（2004）
	模型 10	模型 11
户主文化程度	0. 05***	-0. 04
	(3. 17)	(-1. 41)
户主性别	-0. 12	0. 02
	(-0. 61)	(0. 07)
家庭人口数	-0. 11***	0. 22***
	(-3. 00)	(3. 39)
家庭拥有耕地	-0. 03	0. 12***
	(-1. 28)	(2. 69)
家庭资产	3. 01E-06***	-3. 43E-05***
	(9. 31)	(-5. 24)
经济密度	1. 95***	-1. 18***
	(5. 95)	(-3. 10)
截距项	9. 42***	-1. 31*
	(21. 98)	(-1. 82)
观测值	974	975
拟合优度	0. 265	

注：结果报告的是回归系数，括号内为 t 值。

*表示 10% 水平显著；***表示 1% 水平显著。

本章所关注的主要解释变量——产业集群数量可能是内生的，因为产业集群数量可能会提高农民收入。也有可能因为农民收入增加了，农民因从事非农产业而成为企业家，企业的大量集聚产生了新的产业集群。因此，本节通过采用系统广义矩（system GMM）面板模型估计参数，克服了模型中各解释变量的内生性问题。

本节采用十年前各县的 GDP 作为工具变量，产业集群的产生是一个历史演变和累积的过程，十年前的 GDP 可能因对当时的产业条件、企业数量产生了作用而与现有的产业集群数量有关，但十年的时间间隔足够长，十年前的 GDP 与现在的微观农民收入几乎无关，对农民收入和是否贫困这两个因变量采用系统广义矩（system GMM）面板模型估计，得到了模型 12 和模型 13。模型 12 和模型 13 与模型 7 ~ 模型 11 的结果一致，可见这两个模型是稳健的，有效地消除了内生性偏误。

表 6.10　GMM 模型估计结果

	因变量：ln（农民纯收入）	因变量：是否贫困（2004）
	模型 12	模型 13
户主年龄	-0.01*	0.004**
	(-1.78)	(2.47)
户主文化程度	0.03***	-0.01*
	(2.81)	(-1.90)
户主性别	-0.23*	0.02
	(-1.66)	(0.34)
家庭人口数	-0.12***	0.04***
	(-4.46)	(2.94)
家庭拥有耕地	-0.05***	0.02**
	(-2.59)	(2.19)
家庭资产	2.71E-06***	-5.52E-07***
	(11.77)	(-4.91)
产业集群数量	0.004***	-0.001*
	(2.88)	(-1.88)
其他区域产业集群数量	0.07***	-0.04***
	(3.26)	(-3.46)
截距项	9.98***	0.27*
	(31.92)	(1.75)
观测值	974	975
拟合优度	0.191	0.076

注：结果报告的是回归系数，括号内为 *t* 值。

*表示 10% 水平显著；**表示 5% 水平显著；***表示 1% 水平显著。

6.3.5　产业集群对贫困组和非贫困组人群的影响

正如本章前面所提到的，当地农民可能分为两类：第一类的专业技术水平高、资产专用性强、流动性不强，其他区域的产业集群对他们影响微弱；第二类的资产专用性较低、工作流动性和地域流动性都非常强，当地和其他地区的产业集群对他们都有影响，这些影响来源于经济集聚所产生的低门槛就业机会而不一定是因为产业集群产生的专业化生产。

因此，为了验证该结论，本节按照收入将农民分为了贫困组和非贫困组。具体而言，按照 2004 年的贫困线 10234 元进行划分，低于该标准的农民为贫困组，高于该标准的为非贫困组。采用系统广义矩（system GMM）面板模型估计得出了模型 14 和模型 15，模型 14 是对贫困组农民的估计，模型 15 是对非贫困组农民的估计（表 6.11）。

从估计结果中可以看出，对于贫困组农民而言，当地和其他地区产业集群数量对农民收入的影响都是正向显著的，这类收入较低的农民正是资产专用性较低、工作流动性和地域流动性却非常强的一类。产业集群内部的专业化分工和劳动密集型特征，给这类农民提供了大量低门槛的就业机会，即使他们并不是直接在产业集群中获得工作，但仍然可以通过产业集群带来的外部性受益。对于非贫困组农民而言，他们的资产专用性较高，被“锁定”在当地的产业集群中，因此其他地区的产业集群对他们的收入没有影响，甚至可能会因其他地区的产业集群对当地产业集群产生竞争而对他们的收入产生负向的影响。

表 6.11　对贫困组和非贫困组估计结果

	因变量：ln（农民纯收入）	
	贫困组	非贫困组
	模型 14	模型 15
户主年龄	-0.01	-0.001
	(-1.21)	(-0.26)
户主文化程度	0.03**	0.04**
	(2.03)	(2.50)
户主性别	-0.004	-0.33*
	(-0.02)	(-1.93)
家庭人口数	-0.15***	-0.10***
	(-4.15)	(-2.98)
家庭拥有耕地	-0.03	-0.02
	(-1.28)	(-1.03)
家庭资产	2.91E-06***	1.95E-06***
	(8.88)	(6.98)
产业集群数量	0.004*	0.004**
	(1.86)	(2.31)
其他区域产业集群数量	0.22***	-0.06**
	(7.09)	(-2.39)
截距项	8.75***	10.74***
	(19.25)	(29.28)
观测值	475	499
拟合优度	0.303	0.153

注：结果报告的是回归系数，括号内为 *t* 值。

*表示 10% 水平显著；**表示 5% 水平显著；***表示 1% 水平显著。

6.3.6　不同行业的产业集群对贫困减少的影响

Nadvi 和 Barrientos（2004）指出集群的不同类型可能对贫困的影响不一

样。在 Fowler 和 Kleit（2013）研究产业集群对贫困减少的实证文章中，也得出了不同行业的产业集群对贫困的作用不同的结论。因此，为了深入地探究什么类型的集群对农民收入的作用更大，本节将研究不同行业的集群对农民收入的影响。

按照三位数和四位数的行业代码计算不同行业在各县的产业集群数量，将该数据与农村固定观察点的农户微观数据合并。由于 2004 年和 2008 年对应的行业不同，所以将它们分为两个截面数据。通过计量估计，2004 年的估计结果是表 6.12，2008 年的是表 6.13。为了直观地分析结果，本节将完整的回归结果放入了附录，并整理出了符合理论预期的显著产业集群所对应的各行业。从 2004 年分行业的估计结果来看，显著的行业主要是纺织、机械零件制造加工一类，这与第 3 章中产业集群数量的统计结果一致。从 2008 年分行业的估计结果来看，显著的行业主要有造纸、纺织和企业管理等，可见显著的行业都是劳动密集型。

表 6.12　2004 年分行业估计结果

	因变量：ln（农民人均纯收入）		因变量：是否贫困（2004）	
代码	行业名称	结果	行业名称	结果
三位数	丝绢纺织及精加工	0.66***	棉、化纤纺织及印染精加工	-3.96***
	通用零部件制造及机械修理	0.16***	金属表面处理及热处理加工	-3.30***
			通用零部件制造及机械修理	-2.76***
			丝绢纺织及精加工	-1.15**
四位数	绢纺和丝织加工	0.66***	毛针织品及编织品制造	-4.51***
	纸和纸板容器制造	0.31***	金属表面处理及热处理加工	-1.51***
	紧固件、弹簧制造	0.33*	纺织服装制造	-1.15**
			无机盐制造	-0.97*

注：结果报告的是回归系数。

*表示 10% 水平显著；**表示 5% 水平显著；***表示 1% 水平显著。

表 6.13　2008 年分行业估计结果

代码	因变量：ln（农民人均纯收入）		因变量：是否贫困（2004）	
三位数	造纸	-1.16*	纺织、服装及日用品批发	0.19***
四位数	机制纸及纸板制造	-1.16*	企业生产管理服务	0.26*

注：结果报告的是回归系数。

*表示 10% 水平显著；***表示 1% 水平显著。

6.4 本章小结

本章通过对县级层面的回归分析发现，当地集群数量对农民收入有正向显著的影响，而其他区域的集群数量对农民收入有正向影响但并不显著。赫芬达尔指数对农民收入的直接影响和空间溢出效应都为正，直接影响并不显著但总体效应是显著为正的。EG 指数对农民收入的直接影响、空间溢出效应和总体效应都是正向显著的。

通过对农户层面的回归分析发现，当地的产业集群数量对农民收入增长有正向显著的影响而对贫困发生有负向显著的影响——即在产业集群数量越多的县，农民越不可能成为贫困人口，其他区域的产业集群数量对农民收入有正向显著的影响，而对贫困发生有负向显著的影响。通过对贫困组和非贫困组的分析，发现对于贫困组农民而言，他们的资产专用性较低而工作和地域流动性较强。当地和其他地区的产业集群数量对农民收入都是正向显著的影响，因为产业集群内部的专业化分工和劳动密集型特征给这类农民提供了大量低门槛的就业机会，即使他们并不是直接在产业集群中获得工作，也仍然可以通过产业集群带来的外部性受益。对于非贫困组农民而言，他们拥有的专业技术水平较高、资产专用性较强，但工作和区域流动性不强，因此当地的产业集群数量对他们的收入有正向显著的影响而其他区域的产业集群对他们的收入没有影响，甚至可能会因其他地区的产业集群对当地产业集群产生竞争而对他们的收入产生负向的影响。通过分行业的分析发现，产业集群中对农民增收和农村减贫影响显著的主要是纺织、机械零件制造加工和造纸等劳动密集型行业。

7 基本结论与政策启示

7.1 基本结论

通过研究，本书得出了以下几个主要的结论：

第一，经济密度对农民收入有正向显著的直接影响，其他区域经济密度与经济距离的共同作用对农民收入有正向显著的空间溢出效应，其产生的总体效应也是正向显著的。具体而言，当地经济密度增长1%，农民人均纯收入增长约0.05%；其他区域的经济密度增长1%，当地农民的人均纯收入增长约0.37%。没有考虑空间溢出效应的模型与空间Durbin模型相比，高估了约3倍当地经济密度对农民收入的影响而低估了经济密度对农民收入的总体效应，其仅为总体效应的36.59%。在控制了经济密度影响的条件下，经济距离越长，农民收入越少。

第二，货币外部性对农民收入有正向显著的直接影响和空间溢出效应。技术外部性对农民收入有正向显著的直接影响，但对农民收入的空间溢出效应可能为负。通过控制行业影响，本书将技术外部性分为MAR外部性和雅各布斯外部性，发现这两个外部性对农民收入存在着正向显著的直接影响和负向显著的空间溢出效应。

第三，通过对县级层面的回归分析发现当地集群数量对农民收入有正向显著的影响，而其他区域的集群数量对农民收入有正向的影响但并不显著。赫芬达尔指数对农民收入的直接影响和空间溢出效应都为正，直接影响并不显著而总体效应是正向显著的。EG指数对农民收入的直接影响、空间溢出效应和总体效应都是正向显著的。

第四，通过对农户层面的回归分析发现当地的产业集群数量对农民收入增长有正向显著的影响而对贫困发生有负向显著的影响，即产业集群数量越多农民越不可能成为贫困人口。其他地区的产业集群数量对农民收入有正向显著的影响，但是对贫困发生有负向显著的影响。通过进一步划分贫困组和非贫困组，发现对于贫困组农民而言，当地和其他地区的产业集群数量对农民收入的影响都是正向显著的；对于非贫困组农民而言，当地的产业集群数量对他们的收入有正向显著的影响而其他区域的产业集群数量对其收入没有影响，甚至可能会因其他区域的产业集群对当地的产业集群产生竞争而对他们的收入产生负向的影响。通过分行业的分析发现，产业集群对农民增收和农村减贫影响显著的主要是纺织、机械零件制造加工和造纸等劳动密集型行业。

7.2 政策启示

正如波特钻石模型所描述的，一个产业要想具有强大的国际竞争力，其中的一个重要因素就是政府；波特甚至认为政府是产业集群的一部分（波特，中译本，2003，P. 210）。经济集聚和产业集群的发展以及如何通过它们实现农民收入增长、贫困减少，都离不开政府这只看得见的手。经济集聚通常通过外部性产生影响，但外部性往往存在市场失灵的情况，因此需要政府的干预，这是政府的重要职责所在。此外，由于空间溢出效应的存在，需要建立一个大政府和全局观的政策体系，因此基于“四化同步”、亲贫困增长和包容性增长的理念，本书的政策启示主要有以下几个方面。

7.2.1 促进经济集聚

经济集聚将对农民收入增长、贫困减少产生实质性的直接影响，这给我们的政策启示是要建立以经济集聚为诱导的经济增长道路。虽然世界各国往往将地广人稀视为经济发展的有利条件，但是几乎所有的发达国家都不同程度地呈现人口、经济的集聚，正是这种集聚带来了经济的繁荣。从历史经验来看，违背市场规律而一味地寻求将人口从经济集聚的区域转移出去的代价十分巨大甚至是徒劳的。例如，日本的东京曾制定了“首都功能分散计划”，在之后的十年里，其人口的确下降了，但是却产生了“失去的十年[①]”（陈钊和陆铭，2009，P. 2）。因此，政府需要通过城市化和工业化发展来促进经济集聚，即要充分地发挥县域经济的活力，大力发展符合比较优势的劳动密集型企业，从公共品建设、土地政策、财税政策等方面来支持产业集群的发展，真正地实现产业集群的规模效率、分工效率和结构效率（巴曙松和杨现领，2013）。另

① “失去的十年”指在这十年间，日本经济的增长速度跌落到二战以来的最低谷。

外，应充分发挥产业集群的比较优势，合理引导产业集群的转型升级和质量提升，建立具有区域特色的集群品牌。同时，要合理地建立兼具工作、生活和娱乐功能的经济集聚体，促进“小乡大集镇、小县大城关”的建设，真正地实现“产业和城镇融合发展”。

7.2.2 立足全局发展

经济集聚将对农民收入增长、贫困减少带来全域的空间溢出效应，这给我们的政策启示是要充分地修正地方政府的“功利化”思想和最大化本地经济增长的政治逻辑，从区域经济整体发展的互补性与协调作用出发，制定全局的发展政策。具体而言，第一，工农一体发展。工农一体发展要强调市场化介入和产业链的合作延长，以实现生产效率和组织效率的增长。突破“城市搞工业、农村搞农业”的旧格局，引导城市的非农产业和资本进入农村地区，使农民和农村地区能够分享工业化和城市化的巨大收益。这种城乡产业的迁移与调整应顺应产业组织演进和产业分工的新趋势，进行产业链层面的分工与重新布局，在城乡之间建立起一体化的产业体系，并最终形成产业体系与产业组织体系、城镇等级体系协调发展的局面（成德宁，2011）。要促进农业、工业与现代服务业的耦合，使这三大产业真正地实现一体化合作共赢的发展状态。第二，城乡统筹发展。城乡统筹发展强调以政府行为为主导，打破户籍壁垒，实现社会保障均等化和一体化。要加强和改善政府对农业、农村发展的调控和引导，就需要基于农业市场化取向，改革农村基本经营制度和农业支持保护体系，以政府为主体来构建城乡一体化的基本公共服务体系，创新农村社会管理体制，重构政府行政管理体制（郁建兴和高翔，2009）。第三，区域联动发展。区域联动发展强调缩短经济距离，打破经济分割。从历史经验来看，人类发展从未离开过人类社会与“距离专制”的斗争（库姆斯等，中译本，2011，P. 2），经济距离的缩短为原来位于区位劣势的地区提供了脱贫致富的途径。贫困地区因基础设施落后和制度障碍而产生了经济距离，因此需要加大基础设施建设（如乡道、县道条件的改善），消除不同县、区间的市场壁垒、贸易壁垒、行政壁垒。各地方政府需要立足于全局发展，制定合理的兼顾效率和公平的产业发展政策，让贫困区域也能够分享到经济集聚带来的福利，合理地引导产业布局，由单一的转移支付转向兼顾产业平衡的福利补偿手段，从根本上扭转市场最优与社会最优产生偏差所带来的福利不公平（吴福象和蔡悦，

2014）。通过城市化打破户籍制度，实现社会保障的均等化和一体化。通过信息化给予贫困人口更多的就业机会，鼓励贫困人口进行多渠道、多形式的就业，加强区域经济之间的互动，促进经济要素的自由流动，建立一体化的商品市场和就业市场。

7.2.3 发挥集群功能

产业集群会对贫困减少产生直接影响和空间溢出效应，这给我们的政策启示是要充分地发挥产业集群的多功能，建立以产业集群为基础（cluster-based）的反贫困模式，发挥产业集群的亲贫困功能。产业集群可以作为一个亲贫困的机构（Nadvi and Barrientos，2004），在包容性增长的背景下，强调产业集群的环境、资源友好地发展，积极推动产业集群对农民、贫困人口的惠及作用，缩小贫困差距和城乡差距，发挥产业集群的瞄准功能。目前反贫困的两个方向是瞄准（target）和经济增长的涓滴效应，产业集群是介于这两者之间的一种权衡，因为它的特征可以吸纳大量的贫困人口，因此产业集群本身就是一种"自我瞄准"（self target），它可以减少因瞄准错误而产生的 E 偏误和 F 偏误。产业集群使得企业集中在一起，能够使政策的瞄准更加有效（Fowler and Kleit，2013），因此采用瞄准产业集群的发展政策能够使政策目的更加明确，强化政策对增加就业、提高收入等的作用。要发挥产业集群的社区功能，速水佑次郎和神门善久（2009）将社区定义为在密切相互影响的基础上通过相互信任联系在一起的一组人，他们认为经济发展需要把市场、国家和社区这三者进行有机结合，该观点强调了社区对贫困减少的作用。集群与市场相比，有独立性；与企业相比，又有稳定性。集群内企业间由于密切的相关性和竞争性，减少了企业的不诚信行为，因此产业集群作为依靠社会资本而密切联系的一个经济体，可以充分地发挥社区的作用。加强政府对产业集群整体基础设施、公共服务和社会保障的支持，使身处产业集群内部的人群拥有公平机会，促进他们能力的提升，赋予他们更多的生活、政治权利，为他们构建一个安全网。

7.3 展望

由于资料和数据有限，加之作者精力和能力的局限，因此本书还有不少需要改进和有待研究的地方。

第一，随着经济全球化加剧，经济聚集对农民收入和贫困减少的作用范围将不断地扩大，美国的经济集聚也可能对中国西部小乡村的农民收入产生影响。因此，本书目前的研究主要聚焦于浙江省一个区域范围内，虽然有足够理由验证区域内部经济集聚的影响非常大，但是后续可能将这种影响范围扩大，会考虑我国其他省份甚至其他国家对浙江省农民收入增长的空间溢出效应。

第二，由于数据限制，本书仅有 2004～2006 年的乡镇级数据。虽然目前这足以支撑书中的研究结论，但是如果能够将乡镇数据的周期延长并进行更新，那么将大大完善对乡镇层面经济集聚现象的研究。在微观层面，由于浙江省的农村固定观察点数据仅有 500 个农户样本，不能完全覆盖已有的县级行政单位，因此如何更好地将经济集聚的相关数据与农户样本数据匹配将是作者希望在后续研究中解决的问题。另外，贫困人口的公开数据仅仅是省级层面的，其他层面的数据要么年份缺失，要么仅是抽样调查，所以如果能够有更详细的县级贫困人口数据，那么将为未来的研究提供一份丰富且宝贵的资源。

第三，由于对产业集群一直没有完美的界定方法，所以在本书对其进行实证研究的过程中，虽然试图通过不同的衡量方式以更好地表述一个产业集群的特征，但是仍然不能完全达到预期效果。因此，衡量产业集群的科学指标将是一个值得研究的重要内容①。

第四，理论上阐述经济集聚对农民收入作用的研究较少，而作者只能在借鉴以往文献的基础上做一些浅显的分析，还希望更多的学者对经济集聚现象的理论进行不断地完善。

第五，产业集群对贫困减少的作用是一个尚待开发的主题，作者身处浙江省这片因产业集群而富裕起来的热土，加上一直以来对贫困问题的关注和对减贫的希冀，希望有更多人来研究产业集群与贫困减少的问题。

第六，经济增长不能以环境和资源破坏为代价，寻求具有包容性、可持续性的经济增长往往需要考虑资源、环境的成本，因此研究不能一味地为“圈地运动”式的城市化和“竭泽而渔”式的工业化“贴金”，这是未来在经济集聚和产业集群研究中不可忽视的地方。

---

① Ellison 和 Glaeser（1997）对 EG 指数的研究发表在经济学领域三大顶级期刊之一的 *Journal of Politcal Economy* 上。Hidalgo 等（2007）对产品空间指数的研究发表在 *Science* 期刊上。虽然不是唯期刊论，但是这些成果是对已有研究的肯定，也为未来指出了一个研究方向。

参考文献

阿玛蒂亚森，2009. 贫困与饥荒（中译本）. 北京：商务印书馆.

巴曙松，杨现领，2013. 城镇化大转型的金融视角. 厦门：厦门大学出版社.

波特. 竞争论（中译本），2003 . 北京：中信出版社.

蔡昉，王德文，2005. 经济增长成分变化与农民收入源泉. 管理世界，（5）：77-83.

蔡荣鑫，2009. “包容性增长”理念的形成及其政策内涵. 经济学家，（1）：102-104.

陈良文，杨开忠，沈体雁，等，2008. 经济集聚密度与劳动生产率差异——基于北京市微观数据的实证研究. 经济学（季刊），8（1）：99-114.

陈钊，陆铭，2009. 在集聚中走向平衡. 北京：北京大学出版社.

成德宁，2011. 我国城乡间产业的迁移与分工协调发展. 经济学家，（8）：43-50.

崔砺金，黄玫，2003. 广东浙江“小镇经济”透析. 浙江经济，（7）：42-43.

丁志国，赵宣凯，赵晶，2011. 直接影响与空间溢出效应：我国城市化进程对城乡收入差距的影响路径识别. 数量经济技术经济研究，（9）：118-130.

范剑勇，2006. 产业集聚与地区间劳动生产率差异. 经济研究，（11）：72-81.

范剑勇，2008. 产业集聚与中国地区差距研究. 上海：格致出版社.

范剑勇，石灵云，2009. 产业外部性、企业竞争环境与劳动生产率. 管理世界，（8）：65-72.

傅十和，洪俊杰. 2008. 企业规模、城市规模与集聚经济——对中国制造业企业普查数据的实证分析. 经济研究，（11）：112-125.

国家统计局，2010. 新中国六十年统计资料汇编. 北京：中国统计出版社.

国家统计局，中国统计年鉴（1991 ~ 2012）. 北京：中国统计出版社.

韩峰，柯善咨，2012. 追踪我国制造业集聚的空间来源：基于马歇尔外部性与新经济地理的综合视角. 管理世界，（10）：55-70.

黄祖辉，朱允卫，2006. 浙江农村工业化的发展与启示. 中国经济史研究，（2）：88-94.

金煜，陈钊，陆铭，2006. 中国的地区工业集聚：经济地理、新经济地理与经济政策. 经济研究，（4）：79-89.

库姆斯，迈耶，蒂斯，2011. 经济地理学：区域和国家一体化（中译本）. 北京：中国人民大学出版社.

李谷成，2008. 基于转型视角的中国农业生产率研究. 武汉：华中农业大学.

李金滟，宋德勇，2008. 专业化、多样化与城市集聚经济——基于中国地级单位面板数据的实证研究. 管理世界，（2）：25-34.

梁琦，黄卓，2012. 空间经济学在中国. 经济学（季刊），（3）：1027-1036.

梁琦，2005. 空间经济学：过去、现在与未来——兼评《空间经济学：城市、区域与国际贸易》. 经济学（季刊），（3）：1067-1086.

梁琦，2008. 2008 年度诺奖得主克鲁格曼学术成就评述. 国际经济评论，（6）：54-59.

梁琦，钱学锋，2007. 外部性与集聚：一个文献综述. 世界经济，（2）：84-96.

林光平，龙志和，吴梅，2005. 我国地区经济收敛的空间计量实证分析：1978—2002 年. 经济学

（季刊），（S1）：67-82.

林毅夫，蔡昉，李周，1998. 中国经济转型时期的地区差距分析. 经济研究，（6）：5-12.

林毅夫，2003. “三农”问题与我国农村的未来发展. 农业经济问题，（1）：19-24.

林毅夫，1992. 制度、技术与中国农业发展. 上海：上海三联书店.

林毅夫，2012. 中国经济专题. 北京：北京大学出版社.

刘国恩，Dow William H.，傅正泓，等，2004. 中国的健康人力资本与收入增长. 经济学（季刊），（4）：101-118.

刘靖，张车伟，毛学峰，2009. 中国1991～2006年收入分布的动态变化：基于核密度函数的分解分析. 世界经济，（10）：3-13.

刘修岩，殷醒民，2009. 空间外部性与地区工资差异：基于动态面板数据的实证研究. 经济学（季刊），（1）：77-98.

陆铭，高虹，佐藤宏，2012. 城市规模与包容性就业. 中国社会科学，（10）：47-66.

缪尔达尔，1991. 世界贫困的挑战：世界反贫困大纲. 北京：北京经济学院出版社.

纳克斯，1966. 不发达国家的资本形成问题. 北京：商务印书馆.

农业部，2012. 中国农业年鉴. 北京：中国农业出版社.

潘锦云，李晏墅，2009. 农业现代服务业：以工促农的产业路径. 经济学家，（9）：61-67.

潘文卿，2012. 中国的区域关联与经济增长的空间溢出效应. 经济研究，（1）：54-65.

阮建青，2009. 基于产业集群模式的农村工业化萌芽与成长机制研究. 杭州：浙江大学.

阮建青，张晓波，卫龙宝，2011. 不完善资本市场与生产组织形式选择——来自中国农村产业集群的证据. 管理世界，（8）：79-91.

阮建青，张晓波，卫龙宝，2008. 基于产业集群的包买商制与企业家才能. 管理世界，（11）：119-128.

阮建青，张晓波，卫龙宝，2010. 危机与制造业产业集群的质量升级——基于浙江产业集群的研究. 管理世界，（2）：69-79.

阮建青，张晓波，卫龙宝，2007. 资本壁垒与产业集群——基于浙江濮院羊毛衫产业的案例研究. 经济学（季刊），（7）：71-92.

盛世豪，郑燕伟，2004. “浙江现象”：产业集群与区域经济发展. 北京：清华大学出版社.

施晟，2012. “农户+合作社+超市”模式的合作绩效与剩余分配. 杭州：浙江大学.

石灵云，2010. 产业集聚，外部性与劳动生产率：来自中国制造业四位数行业的证据. 上海：立信会计出版社.

世界银行，2009. 从贫困地区到贫困人群—— 中国扶贫议程的演进：中国贫困和不平等问题评估. 华盛顿：世界银行出版社.

世界银行，2009b. 2009年世界发展报告：重塑世界经济地理. 北京：清华大学出版社.

世界银行，2000. 世界发展报告：与贫困作斗争. 北京：中国财政经济出版社.

Rozelle Scott，黄季焜. 2005. 中国的农村经济与通向现代工业国之路. 经济学（季刊），（3）：1019-1042.

速水佑次郎，神门善久，2009. 发展经济学：从贫困到富裕. 北京：社会科学文献出版社.

田相辉，张秀生，2013. 空间外部性的识别问题. 统计研究，（9）：94-100.

屠能，2009. 孤立国同农业和国民经济的关系. 北京：商务印书馆.

万广华，张茵，2006. 收入增长与不平等对我国贫困的影响. 经济研究，(6)：112-123.

王美今，林建浩，2012. 计量经济学应用研究的可信性革命. 经济研究，(2)：120-132.

韦伯，2009. 工业区位论. 北京：商务印书馆.

卫龙宝，伍骏骞，王恒彦，2013. 工业化、城市化与农业现代化发展——基于 171 个国家 1961 ~ 2011 年的面板数据分析. 社会科学战线，(9)：44-48.

温涛，冉光和，熊德平，2005. 中国金融发展与农民收入增长. 经济研究，(9)：30-43.

吴德进，2006. 产业集群论. 北京：社会科学文献出版社.

吴福象，蔡悦，2014. 中国产业布局调整的福利经济学分析. 中国社会科学，(2)：96-115.

吴玉鸣. 2007. 县域经济增长集聚与差异：空间计量经济实证分析. 世界经济文汇，(2)：37-57.

吴玉鸣，2004. 中国经济增长与收入分配差异的空间统计分析. 上海：华东师范大学.

鲜祖德，2001. 2001 中国农村热点问题研究. 北京：中国统计出版社.

徐维祥，2001. 浙江"块状经济"地理空间分布特征及成因分析. 中国工业经济，(12)：55-60.

徐现祥，王海港，2008. 我国初次分配中的两极分化及成因. 经济研究，(2)：106-118.

杨仁发，2013. 产业集聚与地区工资差距——基于我国 269 个城市的实证研究. 管理世界，(8)：41-52.

叶普万，2004. 贫困经济学研究. 北京：中国社会科学出版社.

殷醒民，1997. 中国工业资金的"逆向"流动和企业融资政策导向. 经济研究，(5)：16-23.

应龙根，宁越敏，2005. 空间数据：性质、影响和分析方法. 地球科学进展，(1)：49-56.

郁建兴，高翔，2009. 农业农村发展中的政府与市场、社会：一个分析框架. 中国社会科学，(6)：89-103.

张车伟，王德文，2004. 农民收入问题性质的根本转变——分地区对农民收入结构和增长变化的考察. 中国农村观察，(1)：2-13.

张海峰，姚先国，2010. 经济集聚、外部性与企业劳动生产率——来自浙江省的证据. 管理世界，(12)：45-52.

张培刚，2002. 农业与工业化. 武汉：华中科技大学出版社.

张清霞，2007. 浙江农村相对贫困：演变趋势、结构特征及影响因素. 杭州：浙江大学.

张五常，2009. 中国的经济制度. 北京：中信出版社.

张晓波，阮建青，2011. 中国产业集群的演化与发展. 杭州：浙江大学出版社.

张晓旭，冯宗宪，2008. 中国人均 GDP 的空间相关与地区收敛：1978 ~ 2003. 经济学（季刊），(2)：399-414.

张学良，2012. 中国交通基础设施促进了区域经济增长吗——兼论交通基础设施的空间溢出效应. 中国社会科学，(3)：60-77.

章元，许庆，邬璟璟，2012. 一个农业人口大国的工业化之路：中国降低农村贫困的经验. 经济研究，(11)：76-87.

赵婷，2012. 产业集聚与地区生产率增进：理论分析及中国经验实证. 杭州：浙江大学.

浙江省第二次经济普查领导小组办公室，2010. 浙江省第二次经济普查主要数据公报（第一号）. http：//www. zj. gov. cn/art/2013/7/12/art_29228_16721. html

浙江省第一次经济普查领导小组办公室，2005．浙江省第一次经济普查主要数据公报（第一号）．浙江统计，(12)：47-49.

浙江省统计局，2010．浙江60年统计资料汇编．北京：中国统计出版社.

浙江省统计局．浙江统计年鉴（1991~2012）．北京：中国统计出版社.

浙江省统计局．浙江乡镇统计年鉴（2005~2007）．北京：中国统计出版社.

钟甫宁，何军，2007．增加农民收入的关键：扩大非农就业机会．农业经济问题，(1)：62-70.

周其仁，2012．经济密度甚于人口密度．经济观察报.

周其仁，2006．收入是一连串事件．北京：北京大学出版社.

周其仁．2009．增加中国农民家庭的财产性收入．农村金融研究，(11)：30-32.

朱华晟，2003．浙江产业群：产业网络、成长轨迹与发展动力．杭州：浙江大学出版社.

朱农，2005．贫困、不平等和农村非农产业的发展．经济学（季刊），(4)：167-188.

朱希伟，2012．理性的空间：集聚、分割和协调．杭州：浙江大学出版社.

朱秀梅，2008．高技术产业集群创新路径与机理实证研究．中国工业经济，(2)：66-75.

邹至庄，2005．中国经济转型．北京：中国人民大学出版社.

Aghion P，Bolton P，1997．A theory of trickle-down growth and development．The Review of Economic Studies，64（2）：151-172.

Ali M，Peerlings J，2011．Value added of cluster membership for micro-enterprises of the handloom sector in Ethiopia．World Development，39（3）：363-374.

Altenburg T，Meyer-Stamer J，1999．How to promote clusters：policy experiences from Latin America．World Development，27（9）：1693-1713.

Andrea S，Catherine B，2009．Canadian nanotechnology innovation networks：Intra-cluster，inter-cluster and foreign collaboration．Journal of Innovation Economics，4（2）：119-146.

Anselin L，Getis A，2010．Spatial statistical analysis and geographic information systems//Perspectives on spatial data analysis．Springer：35-47.

Arrow K J，1962．The economic implications of learning by doing．The Review of Economic Studies，29（3）：155-173.

Autant-Bernard C，LeSage J，2011．Quantifying knowledge spillovers using spatial econometric models．Journal of Regional Science，51（3）：471-496.

Bai C，Ma H，Pan W，2012．Spatial spillover and regional economic growth in China．China Economic Review，23（4）：982-990.

Bair J，Gereffi G，2001．Local clusters in global chains：the causes and consequences of export dynamism in Torreon's Blue Jeans Industry．World Development，29（11）：1885-1903.

Batisse C，2002．Dynamic externalities and local growth：a panel data analysis applied to Chinese provinces．China Economic Review，13（2-3）：231-251.

Batra V，Aneja S，2012．Cluster development programme：A methodology for sustainable business development for poverty alleviation and micro enterprise promotion．National conference on emerging challenges for sustainable business.

Beaudry P，Fabrice C，David A G，2002．Decomposing the twin-peaks in the world distribution of output-per-worker. National Bureau of Economic Research, Inc.

Beer C, Riedl A, 2012. Modelling spatial externalities in panel data: the spatial Durbin model revisited. Papers in Regional Science, 91 (2): 299-318.

Benjamin S, 2000. Governance, economic settings and poverty in Bangalore. Environment and Urbanization, 12 (1): 35-56.

Brakman S, Garretsen H, Schramm M, 2004. The spatial distribution of wages: estimating the Helpman-Hanson model for Germany. Journal of Regional Science, 44 (3): 437-466.

Carlino G A, Voith R, 1992. Accounting for differences in aggregate state productivity. Regional Science and Urban Economics, 22 (4): 597-617.

Cawthorne P M, 1995. Of networks and markets: the rise and rise of a South Indian Town, the example of Tiruppur's Cotton Knitwear Industry. World Development, 23 (1): 43-56.

Chenery H, Robinson S, Syrquin M, 1986. Industrialization and growth: a comparative study. New York: Oxford University Press.

Ciccone A, 2002. Agglomeration effects in Europe. European Economic Review, 46 (2): 213-227.

Ciccone A, Hall R E, 1996. Productivity and the density of economic activity. The American Economic Review, 86 (1): 54-70.

Coase R H, Wang N, 2011. The industrial structure of production: a research agenda for innovation in an entrepreneurial economy. Entrepreneurship Research Journal, 1 (2): 1-13.

Crozet M, Koenig P, 2005. The cohesion vs growth tradeoff-Evidence from EU Regions. European Regional Science Association.

Das R, Das A K, 2011. Industrial cluster: an approach for rural development in North East India. International Journal of Trade, Economics and Finance, 2 (2): 161-165.

David C C, Otsuka K, 1994. Modern rice technology and income distribution in Asia. Los Baños: International Rice Research Institute.

Davis D R, Weinstein D E, 1999. Economic geography and regional production structure: an empirical investigation. European Economic Review, 43 (2): 379-407.

Dawson J, 1992. The relevance of the flexible specialization paradigm for small-scale industrial restructuring in Ghana. IDS Bulletin, 23 (3): 34-38.

de Brauw A, Huang J, Rozelle S, et al., 2002. The evolution of China's rural labor markets during the reforms. Journal of Comparative Economics, 30 (2): 329-353.

Dekle R, Eaton J, 1999. Agglomeration and land rents: evidence from the prefectures. Journal of Urban Economics, 46 (2): 200-214.

de Lucio J J, Herce J A, Goicolea A, 2002. The effects of externalities on productivity growth in Spanish industry. Regional Science and Urban Economics, 32 (2): 241-258.

DIPP, 2011. Report of the working group on clustering and aggregation. New Delhi: Department of Industrial Policy and Promotion Ministry of Commerce and Industry Government of India.

Donald R D, David E W, 2001. Market Size, linkages, and productivity: a study of Japanese regions. National Bureau of Economic Research, Inc.

Douglas P H, 1976. The Cobb-Douglas production function once again: its history, its testing, and some new empirical values. Journal of Political Economy, 84 (5): 903-915.

Duranton G, Overman H, 2005. Testing for localization using micro-geographic data. Review of Economic Studies, 72 (4): 1077-1106.

Duranton G, Puga D, 2004. Micro-foundations of urban agglomeration economies // Henderson V, Thisse J F. Handbook of regional and urban economics. Elsevier: 2063-2117.

Easterly W R, 2001. The elusive quest for growth: economists' adventures and misadventures in the Tropics. Cambridge: MIT Press.

Eckstein A, Social S R C U, Joint C O C C, 1980. Quantitative measures of China's economic output. Ann Arbor: University of Michigan Press.

Edward G, Janet K, 2003. Cities, regions and the decline of transport costs. Papers in Regional Science, 83 (1): 197-228.

Elhorst J P, 2010. Applied spatial econometrics: raising the bar. Spatial Economic Analysis, 5 (1): 9-28.

Ellison, Glaeser, 1997. Geographic concentration in US manufacturing industries: a dartboard approach. Journal of Political economy, 105: 889-927.

Fan S, Pardey P G, 1997. Research, productivity and output growth in Chinese agriculture. Journal of Development Economics, 53 (1): 115-137.

Feldman P, 1994. The Geography of Innovation. Boston: Kluwer Academic Publishers.

Ferreira F, Leite G, Ravallion M, 2010. Poverty reduction without economic growth. Journal of Development Economics, 93 (1), 20-36.

Feser E, Bergman E, 2000. National industry cluster templates: a framework for applied regional cluster analysis. Regional Studies, 34 (1): 1-19.

Fischer M M, Getis A, 2009. Handbook of applied spatial analysis: software tools, methods and applications. Berlin: Springer.

Fleisher B, Hu D, McGuire W, et al., 2010. The evolution of an industrial cluster in China. China Economic Review, 21 (3): 456-469.

Forni M, Paba S, 2002. Spillovers and the growth of local industries. Journal of Industrial Economics, 50 (2): 151-171.

Fowler C S, Kleit R G, 2013. The effects of industrial clusters on the poverty rate. Economic Geography: first published online.

Fujita M, Krugman P R, Venables A J, 1999. The spatial economy: cities, regions and international trade. Cambridge: MIT Press.

Fujita M, Tabuchi T, 1997. Regional growth in postwar Japan. Regional Science and Urban Economics, 27 (6): 643-670.

Fujita M, Thisse J F, 2002. Economics of agglomeration: cities, industrial location, and globalization. Cambridge: Cambridge University Press.

Fu S, 2007. Smart Café Cities: testing human capital externalities in the Boston metropolitan area. Journal of Urban Economics, 61 (1): 86-111.

Gardner B L, 2000. Economic growth and low incomes in agriculture. American Journal of Agricultural Economics, 82 (5): 1059-1074.

Gibbs R M, Bernat G A, 1997. Rural industry clusters raise local earnings. Rural Development Perspectives, 12 (3): 18-25.

Giuliani E, Bell M, 2005. The micro-determinants of meso-level learning and innovation: evidence from a Chilean wine cluster. Research Policy, 34 (1): 47-68.

Giulio C, Riccardo L, 1999. Externalities and long-term local industrial development. Some Empirical Evidence from Italy. Revue d'économie Industrielle, 90 (1): 25-39.

Glaeser E L, Hedi D K, Jose A S, et al., 1992. Growth in cities. Journal of Political Economy, 100 (6): 1126-1152.

Goetz S J, Deller S, Harris T, 2009. Targeting regional economic development. London: Routledge.

Hanson G, 2005. Market potential, increasing returns and geographic concentration. Journal of International Economics, 67 (1): 1-24.

Harris C D, 1954. The market as a factor in the localization of industry in the United States. Annals of the Association of American Geographers, 44 (4): 315-348.

Harrison B, Kelley M R, Jon G, 1996. Specialization versus diversity in local economies: the implications for innovative private-sector behavior. Cityscape, 2 (2): 61-93.

Harris R, John M, Victoria K, 2011. In search of 'W'. Spatial Economic Analysis, 6 (3): 249-270.

Hayami Y, Ruttan V W, 1985. Agricultural development: an international perspective. Baltimore: Johns Hopkins University Press.

Head K, Mayer T, 2006. Regional wage and employment responses to market potential in the EU. Regional Science and Urban Economics, 36 (5): 573-594.

Henderson V, 1986. Efficiency of resource usage and city size. Journal of Urban Economics, 19 (1): 47-70.

Henderson V, Kuncoro A, Turner M, 1995. Industrial development in cities. Journal of Political Economy, 103 (5): 1067-1090.

Henderson V, Lee T, Lee Y J, 2001. Scale externalities in Korea. Journal of Urban Economics, 49 (3): 479-504.

Henderson V, 1997. Medium size cities. Regional Science and Urban Economics, 27 (6): 583-612.

Henderson V, 1974. The sizes and types of cities. The American Economic Review, 64 (4): 640-656.

Hidalgo C, Klinger B, Barabasi A, Hausmann R, 2007. The product space conditions the development of nations. Science, 317 (5837): 482-487.

Hoover E M, 1936. The measurement of industrial localization. The Review of Economics and Statistics, 18 (4): 162-171.

Huang J, Rozelle S, 1996. Technological change: rediscovering the engine of productivity growth in China's rural economy. Journal of Development Economics, 49 (2): 337-369.

Humphrey J, Schmitz H, 1996. The triple C approach to local industrial policy. World Development,

24 (12): 1859-1877.

Jacobs J, 1969. The economy of cities. New York: Random House.

Jan K B, Jacques-Franáois T, Yves Z, 2002. Local labor markets, job matching, and urban location. International Economic Review, 43 (1): 155-171.

Jens S, Uwe B, 2005. Local economic structure and industry development in Germany, 1993 ~ 2001. Economics Bulletin, 15 (17).

Johnson D G, 1953. Comparability of labor capacities of farm and nonfarm labor. The American Economic Review, 43 (3): 296-313.

Kennedy L, 1999. Cooperating for survival: tannery pollution and joint action in the Palar Valley (India). World Development, 27 (9): 1673-1691.

Kenneth R, 1998. Rural non-farm development: a trade-theoretic view. The Journal of International Trade & Economic Development, 7 (4): 425-437.

KeS, FeserE, 2010. Count on the growth pole strategy for regional economic growth? Spread-backwash effects in greater central China. Regional Studies, 44 (9): 1131-1147.

Kim S, 1995. Expansion of markets and the geographic distribution of economic activities: the tends in U. S. regional manufacturing structure, 1860 ~ 1987. The Quarterly Journal of Economics, 110 (4): 881-908.

Knorringa P, 1999. Agra: an old cluster facing the new competition. World Development, 27 (9): 1587-1604.

Krugman P, 1991. Increasing returns and economic geography. Journal of Political Economy, 99 (3): 483-499.

Krugman P, 1998. Space: the final frontier. Journal of Economic Perspectives, 12 (2): 161-174.

Krugman P, 1980. Vehicle currencies and the structure of international exchange. Journal of Money, Credit and Banking, 12 (3): 513-526.

Kung J K, 2002. Off-farm labor markets and the emergence of land rental markets in rural China. Journal of Comparative Economics, 30 (2): 395-414.

Lall S V, Shalizi Z, Deichmann U, 2004. Agglomeration economies and productivity in Indian industry. Journal of Development Economics, 73 (2): 643-673.

Le Gallo J, Ertur C, 2003. Exploratory spatial data analysis of the distribution of regional per capita GDP in Europe, 1980 ~ 1995. Papers in Regional Science, 82 (2): 175-201.

LeSage J P, Pace R K, 2009. Introduction to spatial econometrics. Boca Raton: CRC Press.

Lewis W A, 1954. Economic development with unlimited supplies of labour. The Manchester School, 22 (2): 139-191.

Lin J Y, 1992. Rural reforms and agricultural growth in China. The American Economic Review, 82 (1): 34-51.

Long C, Zhang X, 2011. Cluster-based industrialization in China: financing and performance. Journal of International Economics, 84 (1): 112-123.

Long C, Zhang X, 2012. Patterns of China's industrialization: concentration, specialization, and clustering. China Economic Review, 23 (3): 593-612.

López S M, Molero J, Santos-Arteaga F J, 2011. Poverty traps in a frictionless world: the effects of learning and technology assimilation. Structural Change and Economic Dynamics, 22 (2): 106-115.

Mano Y, Iddrisu A, Yoshino Y et al., 2012. How can micro and small enterprises in Sub-Saharan Africa become more productive? The impacts of experimental basic managerial training. World Development, 40 (3): 458-468.

March J G, 1994. Primer on decision making: how decisions happen. New York: Free Press.

Mario D P. 2009. Collective efficiency, policy inducement and social embeddedness: drivers for the development of industrial districts. Entrepreneurship & Regional Development, 21 (1): 1-24.

Marjolein C L, Henny R, 2003. Dynamic clusters in developing countries: collective efficiency and beyond. Oxford Development Studies, 31 (3): 275-292.

Marshall A, 1920. Principles of economics. London: Macmillan.

Martin P, Ottaviano G I P, 1999. Growing locations: Industry location in a model of endogenous growth. European Economic Review, 43 (2): 281-302.

Mary A, Lisa C, 2007. Economic geography and wages. The Review of Economics and Statistics, 89 (1): 15-29.

McCormick D, 1999. African enterprise clusters and industrialization: theory and reality. World Development, 27 (9): 1531-1551.

McMillan J, Whalley J, Zhu L J, 1988. The impact of China's economic reforms on agricultural productivity growth. San Diego: Graduate School of International Relations and Pacific Studies, University of California, San Diego.

Michael P, 2003. The economic performance of regions. Regional Studies, 37 (6-7): 549-578.

Mion G, Naticchioni P, 2005. Urbanization externalities, market potential and spatial sorting of skills and firms. CEPR Discussion Papers.

Nadvi K, Barrientos S, 2004. Industrial clusters and poverty reduction. Vienna: UNIDO.

Nadvi K, 1999. Collective efficiency and collective failure: the response of the sialkot surgical instrument cluster to global quality pressures. World Development, 27 (9): 1605-1626.

Nicole M, Sandra P, 2007. FDI in Chinese cities: spillovers and impact on growth. The World Economy, 30 (5): 837-862.

Otsuka K, Sonobe T, 2011. A cluster-based industrial development policy for Low-Income Countries. Policy Research Working Paper.

Paul C, Edward M, 2003. Growth, development, and innovation: a look backward and forward. Papers in Regional Science, 83 (1): 249-267.

Pesaran M H, 2006. Estimation and inference in large heterogeneous panels with a multifactor error structure. Econometrica, 74 (4): 967-1012.

Peter L, Rinku M, 2009. Poverty decline, agricultural wages, and nonfarm employment in rural India: 1983 ~ 2004. Agricultural Economics, 40 (2): 243-263.

Pierre-Philippe C, Gilles D, Laurent G, Sébastien R, 2010. Estimating agglomeration economies with history, geology, and worker effects//National Bureau of Economic Research, Inc: 15-66.

Porter M E, 1998. Clusters and the new economics of competition. Harvard Business Review, 76 (6):

77-90.

Porter M E, 1990. Competitive advantage of nations. New York: Free Press.

Quah D T, 1996. Empirics for economic growth and convergence. European Economic Review, 40 (6): 1353-1375.

Quah D T, 1997. Empirics for growth and distribution: stratification, polarization, and convergence clubs. Journal of Economic Growth, 2 (1): 27-59.

Rabellotti R, 1999. Recovery of a Mexican cluster: devaluation bonanza or collective efficiency? World Development, 27 (9): 1571-1585.

Ravallion M, Chen S, 2007. China's (uneven) progress against poverty. Journal of Development Economics, 82 (1), 1-42.

Redding S J, Sturm D M, 2008. The costs of remoteness: evidence from German division and reunification. The American Economic Review, 98 (5): 1766-1797.

Redding S, Venables A J, 2004. Economic geography and international inequality. Journal of International Economics, 62 (1): 53-82.

Rey S J, Dev B, 2006. σ-Convergence in the presence of spatial effects. Papers in Regional Science, 85 (2): 217-234.

Rogers E M, 2003. Diffusion of innovations. New York: Free Press.

Romer P M, 1990. Endogenous technological change. Journal of Political Economy, 98 (5): S71-S102.

Romer P M, 1986. Increasing returns and long-run growth. Journal of Political Economy, 94 (5): 1002-1037.

Rosenthal S S, Strange W C, 2004. Evidence on the nature and sources of agglomeration economies// Henderson V, Thisse J F. Handbook of Regional and Urban Economics. Elsevier: 2119-2171.

Ruan J Q, Zhang X B, 2009. Finance and cluster - Based industrial development in China. Economic Development and Cultural Change, 58 (1): 143-164.

Sandee H, Rietveld P, 2001. Upgrading traditional technologies in small-scale industry clusters: collaboration and innovation adoption in Indonesia. Journal of Development Studies, 37 (4): 150-172.

Schmitz H, 1995. Collective efficiency: growth path for small-scale industry. The Journal of Development Studies, 31 (4): 529-566.

Schmitz H, 1999. Global competition and local cooperation: success and failure in the Sinos Valley, Brazil. World Development, 27 (9): 1627-1650.

Schmitz H, Nadvi K, 1999. Clustering and industrialization: introduction. World Development, 27 (9): 1503-1514.

Schmookler J, 1966. Invention and economic growth. Harvard: Harvard University Press.

Schultz T W, 1964. Transforming traditional agriculture. Chicago: University of Chicago Press.

Scott A J, 2006. The changing global geography of low-technology, labor-intensive industry: clothing, footwear, and furniture. World Development, 34 (9): 1517-1536.

Sen A, 1999. Development as freedom. Oxford: OUP Oxford.

Smith A, 1902. The wealth of nations . New York: Collier & Son.

Solow R M, 1956. A contribution to the theory of economic growth. The Quarterly Journal of Economics, 70 (1): 65-94.

Solow R M, 1957. Technical change and the aggregate production function. The Review of Economics and Statistics, 39 (3): 312-320.

Sonobe T, Higuchi Y, Otsuka K, 2012. Productivity growth and job creation in the development process of industrial clusters. Washington, DC: World Bank Publications.

Sonobe T, Hu D, Otsuka K, 2006. Industrial development in the inland region of China: a case study of the motorcycle industry. Journal of Comparative Economics, 34 (4): 818-838.

Squire L, 1993. Fighting poverty. The American Economic Review, 83 (2): 377-382.

Stephen B, Anke H, Jonathan T, 2001. GMM estimation of empirical growth models. Oxford: Economics Group, Nuffield College, University of Oxford.

Sveikauskas L A, 1975. The productivity of cities. The Quarterly Journal of Economics, 89 (3): 393-413.

Swan T W, 1956. Economic growth and capital accumulation. Economic Record, 32 (2): 334-361.

Tian L, Wang H H, Chen Y, 2010. Spatial externalities in China regional economic growth. China Economic Review, 21, Supplement 1 (0): S20-S31.

Tobler W R, 1970. A computer movie simulating urban growth in the detroit region. Economic Geography, 46: 234-240.

van Oort F G, Stam F C, 2006. Agglomeration economies and entrepreneurship in the ICT industry. Erasmus Research Institute of Management (ERIM), Erasmus University and the Erasmus School of Economics (ESE) at Erasmus Uni.

Visser E, 1999. A comparison of clustered and dispersed firms in the small-scale clothing industry of Lima. World Development, 27 (9): 1553-1570.

Wang J, Mei L, 2009. Dynamics of labor-intensive clusters in China: relying on low labor costs or cultivating innovation?. ILO.

Weber M, 2007. General economic history. La Vergne: Lightning Source Incorporated.

Weijland H, 1999. Microenterprise clusters in rural Indonesia: industrial seedbed and policy target. World Development, 27 (9): 1515-1530.

Wen M, 2004. Relocation and agglomeration of Chinese industry. Journal of Development Economics, 73 (1): 329-347.

WorldBank, 2013. World development indicators 2013. Washington, DC: World Bank Publications.

Yao S, Zhang Z, Hanmer L, 2004. Growing inequality and poverty in China. China Economic Review, 15 (2): 145-163.

Ying L G, 2003. Understanding China's recent growth experience: a spatial econometric perspective. The Annals of Regional Science, 37 (4): 613-628.

Zhao Y, 1999. Labor migration and earnings differences: the case of rural China. Economic Development and Cultural Change, 47 (4): 767-782.

Zhao Y, 1997. Labor migration and returns to rural education in China. American Journal of Agricultural Economics, 79 (4): 1278-1287.

附录　不同行业的产业集群对农民增收、农村减贫影响的估计结果

附表 1　2004 年分行业产业集群估计结果

	ln（农民收入）	是否贫困	ln（农民收入）	是否贫困
	三位数	三位数	四位数	四位数
户主年龄	-0.01***	0.04***	-0.01***	0.04***
	(-2.84)	(3.27)	(-2.84)	(3.27)
户主文化程度	0.04***	-0.02	0.04***	-0.02
	(2.71)	(-0.59)	(2.71)	(-0.59)
户主性别	-0.09	0.09	-0.09	0.09
	(-0.57)	(0.18)	(-0.57)	(0.18)
家庭人口数	0.002	0.002	0.002	0.002
	(0.08)	(0.02)	(0.08)	(0.02)
家庭拥有耕地	-0.04	0.11	-0.04	0.11
	(-1.57)	(1.50)	(-1.57)	(1.50)
家庭资产	2.17E-06***	-3.46E-05***	2.17E-06***	-3.46E-05***
	(7.32)	(-4.36)	(7.32)	(-4.36)
136 水产品加工	0.04	-0.06		
	(0.50)	(-0.27)		
171 棉、化纤纺织及印染精加工	0.05	-3.96***		
	(0.28)	(-3.96)		
174 丝绢纺织及精加工	0.66***	-1.15**		
	(3.99)	(-2.55)		
181 纺织服装制造	-0.36**	2.82***		
	(-2.09)	(2.92)		
192 皮革制品制造	0.06	4.55***		
	(0.52)	(4.43)		
223 纸制品制造	0.21	0.41		
	(1.21)	(0.83)		
346 金属表面处理及热处理加工	-0.25**	-3.30***		
	(-2.23)	(-4.85)		
358 通用零部件制造及机械修理	0.16***	-2.76***		
	(3.88)	(-4.37)		
391 电机制造	0.05	0.23		
	(0.33)	(0.48)		
1361 水产品冷冻加工			0.04	-0.06
			(0.50)	(-0.27)
1742 绢纺和丝织加工			0.66***	2.10**
			(5.21)	(2.36)

续表

	ln（农民收入）	是否贫困	ln（农民收入）	是否贫困
	三位数	三位数	四位数	四位数
1762 毛针织品及编织品制造			0. 15	-4. 50 * * *
			(0. 89)	(-5. 20)
1810 纺织服装制造			-0. 36 * *	-1. 15 * *
			(-2. 09)	(-2. 55)
2231 纸和纸板容器的制造			0. 31 * * *	2. 82 * * *
			(2. 73)	(2. 92)
2613 无机盐制造			-0. 00	-0. 96 *
			(-0. 02)	(-1. 83)
3460 金属表面处理及热处理加工			-0. 34 * *	-1. 51 * * *
			(-2. 46)	(-3. 50)
3582 紧固件、弹簧制造			0. 33 *	0. 41
			(1. 79)	(0. 83)
3583 机械零部件加工及设备修理			0. 06	0. 23
			(0. 44)	(0. 48)
截距项	9. 663 * * *	-1. 156	9. 663 * * *	-1. 156
	(-1. 08)	(25. 95)	(-1. 08)	(25. 95)
观测值	500	500	500	500
拟合优度/Pseudo R2	0. 27	0. 20	0. 27	0. 20

注：结果报告的是回归系数，括号内为 *t* 值。

* 表示 10% 水平显著；* * 表示 5% 水平显著；* * * 表示 1% 水平显著。

附表 2　2008 年分行业产业集群估计结果

	ln（农民收入）	是否贫困	ln（农民收入）	是否贫困
	三位数	三位数	四位数	四位数
户主年龄	-0. 01 *	0. 02	-0. 01 *	0. 02
	(-1. 86)	(1. 51)	(-1. 86)	(1. 51)
户主文化程度	0. 03	-0. 04	0. 03	-0. 04
	(1. 55)	(-0. 97)	(1. 55)	(-0. 97)
户主性别	-0. 27	-0. 21	-0. 27	-0. 21
	(-1. 34)	(-0. 37)	(-1. 34)	(-0. 37)
家庭人口数	-0. 29 * * *	0. 60 * * *	-0. 29 * * *	0. 60 * * *
	(-5. 57)	(4. 32)	(-5. 57)	(4. 32)
家庭拥有耕地	-0. 03	0. 07	-0. 03	0. 07
	(-0. 73)	(0. 70)	(-0. 73)	(0. 70)
家庭资产	2. 84E-06 * * *	-3. 6E-05 * * *	2. 84E-06 * * *	-3. 6E-05 * * *
	(8. 87)	(-2. 87)	(8. 87)	(-2. 87)

续表

	ln（农民收入）	是否贫困	ln（农民收入）	是否贫困
	三位数	三位数	四位数	四位数
136 水产品加工		-0.01		
		(-0.02)		
171 棉、化纤纺织及印染精加工		0.17		
		(0.21)		
174 丝绢纺织及精加工	-0.88***	1.00*		
	(-4.30)	(1.87)		
176 针织品、编织品及其制品制造		-0.14		
		(-0.11)		
192 皮革制品制造		0.45		
		(0.48)		
222 造纸		-1.16*		
		(-1.83)		
223 纸制品制造		-0.09		
		(-0.18)		
296 橡胶靴鞋制造		0.52		
		(0.60)		
391 电机制造	-0.13			
	(-1.22)			
490 建筑装饰业		0.60		
		(0.99)		
632 食品、饮料及烟草制品批发	0.09			
	(0.97)			
633 纺织、服装及日用品批发	0.19***			
	(2.63)			
636 矿产品、建材及化工产品批发	-0.04			
	(-0.37)			
637 机械设备、五金交电及电子产品批发	-0.13			
	(-0.99)			
661 旅游饭店	0.07			
	(0.29)			
741 企业管理服务	-0.34***			
	(-2.77)			
942 国家行政机构	-0.16			
	(-1.34)			
1361 水产品冷冻加工				-0.01
				(-0.02)
1711 棉、化纤纺织加工				0.03
				(0.06)

续表

	ln（农民收入）	是否贫困	ln（农民收入）	是否贫困
	三位数	三位数	四位数	四位数
1712 棉、化纤印染精加工				0.26
				(0.32)
1742 绢纺和丝织加工			-0.88***	1.00*
			(-4.30)	(1.87)
1761 棉、化纤针织品及编织品制造				-0.09
				(-0.18)
1921 皮鞋制造				0.45
				(0.48)
2221 机制纸及纸板制造				-1.16*
				(-1.83)
2960 橡胶靴鞋制造				0.52
				(0.60)
4900 建筑装饰业			-0.30*	0.60
			(-1.77)	(0.99)
5220 道路货物运输			0.11	
			(0.77)	
6369 其他化工产品批发			-0.23	
			(-1.60)	
6391 再生物资回收与批发			-0.20	
			(-1.57)	
6551 药品零售			-0.17	
			(-1.24)	
7412 企业生产管理服务			0.26*	
			(1.80)	
7419 其他企业管理服务			-0.56***	
			(-3.59)	
截距项	11.96***	-3.97***	11.96***	-3.97***
	(24.58)	(-2.93)	(24.58)	(-2.93)
观测值	474	475	474	475
拟合优度/Pseudo R2	0.28	0.16	0.28	0.16

注：结果报告的是回归系数，括号内为 t 值。

* 表示 10% 水平显著；*** 表示 1% 水平显著。

后记：赢者无边界

2009 年世界发展报告提出“重塑世界经济地理”，将经济地理研究提高到了实现全球经济包容性和可持续性发展的高度。本书中研究重点聚焦于经济集聚对农民收入增长、农村贫困减少的作用，虽然不希冀能够重塑世界经济地理，但是希望通过本书的实证研究来表达世界银行（2009）的一个重要理念：不平衡的经济增长与和谐性发展可以并行不悖，经济集聚将带来当地和其他区域的农民增收和农村减贫，赢者无边界。

请允许我在本书的最后引用一篇我十分崇敬的刘墉先生的文学小品文，以用于阐述“赢者无边界”。

坏邻居

在美国东部有一所非常著名的学府，它的名字几乎为全世界的知识分子所知晓。它的入学需要平均 90 分以上的成绩，它一门课的学费，可以相当于普通家庭整月的开销，它的学生常穿着印有校名的 T 恤在街上招摇……但是，这个学校有着严重的困扰，因为它紧邻一个治安极坏的贫民区，学校的玻璃经常被顽童打破，学生的车子总是失窃，学生在晚上被抢已不是新闻，女学生甚至遭到强暴的命运。

“我们这么伟大的学校，怎能有那么糟糕的邻居。”董事会议愤怒地一致通过：“把那些不上路的邻居赶走！”方法很简单——以学校雄厚的财力把贫民区的土地和房屋全部买下，改为校园。

于是校园变大了。但是问题不但没有解决，反而变得更严重，因为那些贫民虽然搬走，却只是向外移，隔着青青的草地，学校又与新贫民区交接。加上广大的校园难于管理，治安是更糟了。

董事会失去了主意，请当地的警察共谋对策。

“当我们与邻居相处不来时，最好的方法不是把邻人赶走，更不是将自己封闭，反而应该试着去了解、沟通，进而影响、教育他们。”警官说。

校董们相顾半晌，哑然失笑，他们发现身为世界最著名学府的董事，竟然忘记了教育的功能。

他们设立了平民补习班，送研究生去贫民区调查采访，捐赠教育器材给邻近的中小学，并辅导就业，更开辟部分校园为运动场，供青少年们使用。

没有几年，这所学校的环境治安已经大大地改善，而那邻近的贫民区，更眼看着步入了小康。

（转引自：刘墉. 点一盏心灯. 北京：文化艺术出版社，2000.）